战略性新兴产业企业知识产权战略实务丛书

三七医药专利预警分析

云南省知识产权研究会
云南省科学技术发展研究院
云南八谦律师事务所
昆明市律师协会知识产权法律事务专业委员会
组织编写

林　文◎主编

知识产权出版社
全国百佳图书出版单位

内容提要

本书是三七医药行业的专利分析报告，从三七中国专利分析、三七外国专利分析、云南省三七医药专利预警分析、三七医药近三年专利分析、三七产业政策、三七相关专利诉讼等方面展开分析，并得出分析结果。本书是了解三七医药行业专利技术现状并预测未来走向，帮助企业做好专利预警的必备工具书。

责任编辑：崔　玲　　　　责任校对：韩秀天
封面设计：燧天下　　　　责任出版：卢运霞

图书在版编目（CIP）数据

三七医药专利预警分析/林文主编．—北京：知识产权出版社，2013.5
ISBN 978-7-5130-2060-2

Ⅰ．①三…　Ⅱ．①林…　Ⅲ．①三七—制药工业—专利—研究报告—中国　Ⅳ．①D923.424 ②F426.7

中国版本图书馆 CIP 数据核字（2013）第 100420 号

战略性新兴产业企业知识产权战略实务丛书

三七医药专利预警分析

Sanqi Yiyao Zhuanli Yujing Fenxi

林　文　**主编**

出版发行：知识产权出版社

社　　址：北京市海淀区马甸南村 1 号　　邮　　编：100088
网　　址：http：//www.ipph.cn　　邮　　箱：bjb@cnipr.com
发行电话：010 82000860 转 8101/8102　　传　　真：010-82005070/82000893
责编电话：010-82000860-8121
印　　刷：保定市中画美凯印刷有限公司　　经　　销：各大网络书店、新华书店及相关销售网点
开　　本：787mm×1092mm　1/16　　印　　张：14
版　　次：2013 年 8 月第 1 版　　印　　次：2013 年 8 月第 1 次印刷
字　　数：245 千字　　定　　价：42.00 元

ISBN 978-7-5130-2060-2

战略性新兴产业企业知识产权战略实务丛书

编 委 会

三七医药专利预警分析

编写组

顾　问：

方　涛　云南省科学技术厅党组成员、云南省知识产权局党组书记、云南省发明协会理事长

许惠然　云南省知识产权研究会理事长

李才全　昆明市律师协会副会长

赵　耀　云南八谦律师事务所董事局主席

主　编： 林　文

副主编：

马　兰　云南省科学技术发展研究院技术转移办副主任，高级工程师，咨询工程师

王海涛　云南省知识产权局规划发展处处长，云南省知识产权研究会秘书长

邓　玲　云南省高级人民法院民事审判第三庭副庭长

李春华　昆明市律师协会秘书长

殷红艳　云南八谦律师事务所律师

罗春露　云南八谦律师事务所律师

李　慧　云南八谦律师事务所律师

撰稿人： 林　文　马　兰　殷红艳　罗春露　李　慧　申　意

序 一

（企业知识产权战略运用的重要探讨）

当今社会已全面进入知识经济时代，知识产权创造、运营、保护和管理能力已成为衡量一个国家和地区经济发展水平和可持续发展能力的重要因素。越来越多的跨国公司利用知识产权尤其是专利布局，设置新的贸易壁垒，建立和扩大其市场竞争优势。全球500强企业通常在专利技术拥有和运用方面也明显占据优势。专利既是发现新技术信息独特的信息源，也是竞争情报最重要的信息源之一。专利战略则是企业知识产权战略的重要组成部分，而专利预警作为专利战略实施策略之一，越来越受到国家和企业的高度重视。

由于专利信息具有科技信息、法律信息、市场经营信息、人才资源信息等功能，充分收集筛选并深度利用专利信息能够为技术研发提供指引；为技术合作提供支撑；为技术跟踪提供条件；为数据库建设奠定基础；为战略制定提供依据；为风险规避提供便利；为人才引进提供信息；为市场定位提供基础；为投资决策提供素材，简而言之，其具有巨大的经济社会价值。

为响应《国家知识产权战略纲要》、《国务院关于加快培育和发展战略性新兴产业的决定》（国发〔2010〕32号）以及国务院《“十二五”国家战略性新兴产业发展规划》中关于加强我国重点领域和重大技术专利分析和预警工作，发挥专利工作在国家经济社会发展中的作用，国家鼓励全社会提供知识产权信息服务。云南八谦律师事务所、云南省科学技术发展研究院、昆明市律师协会知识产权法律事务专业委员会以战略性新兴产业中的生物医药产业为切入点，以重要医药原料“三七”为视角，联合组织编撰了《三七医药专利预警分析》。该书是了解三七医药行业专利技术现状并预测未来走向，帮助做好三七专利预警的必备指导书。

《三七医药专利预警分析》从三七中国专利分析、三七外国专利分析、云南省三七医药专利预警分析、三七产业政策、三七相关专利诉讼、三七医药核心专利等方面展开研究，并得出分析结果，提出了针对性强的建议。该书与其他专利分析图书相比，特点之一是研究主导者是律师事务所，在我国很可能属首创，其优点是能将律师的法律素养及丰富的诉讼实战经验融入分析研究中，使该书更具有实践性和可操作性；特点之二是不仅有专利数据及对专利数据的分析结果，在分析中还考虑三七的宏观及微观产业政策、三七的相关专利诉讼对三七专利数据的影响，其信息收集全面、挖掘深入，其研究结果说服力强；特点之三是该书对三七专利的研究注重面与点的结合，重点及落脚点在云南三七，是主观与客观的必然选择，是理论与实践结合的必然产物，因为云南是三七的原产地和主要产地，三七是云药的主要原料，研究者地处云南并对云南三七发展现状比较了解，落脚云南三七有助于将理论研究成果付诸实践，帮助云南三七产业真正建立预警机制。

企业知识产权战略是国家知识产权战略之基础，也是落实国家知识产权战略的重要保障，而我国自 2008 年颁布《国家知识产权战略纲要》以来，对企业知识产权战略的实践仍处于初始阶段。律师是企业知识产权战略服务中的重要力量，但目前律师提供企业知识产权战略服务的数量不多，服务质量还有待提高，企业对企业知识产权战略的认识还不积极，因此，加强这方面的研究、经验积累具有重要意义。

林文律师主编的《三七医药专利预警分析》适应了企业需求和新形势下实施国家知识产权战略的需要，为在微观层面利用专利信息和情报指导企业制定和实施专利战略，提高企业核心竞争力提供了范例，具有重要的推广应用价值。我和林文律师是老乡，林文律师长期在从事企业知识产权战略规划的同时，还在知识产权证据方面取得可喜成绩，尤其由他们首创并公开的《企业知识产权战略服务通用标准》，更是给企业知识产权战略从业者提供了方便。殷红艳律师原系我指导的中国政法大学硕士研究生，其在学习期间多次参与了我主持的有关大中型企业知识产权战略的制定和研究，八谦律师知识产权战略团队的实务经验是有目共睹的。

总之，该书具有研究层次深入、研究角度新颖、理论与实践紧密结合的特点。该书可以作为三七医药行业政府部门和企事业单位、科研院所、律师事务所、专利代理公司的广大专利科研人员、管理人员、分析人员的实用参考书。

在此祝愿该书作者在企业知识产权战略实务中取得更好的成绩。

冯晓青

中国知识产权法学研究会副会长

中国政法大学教授、博士生导师

中国政法大学无形资产管理研究中心主任

序 二

随着经济全球化、知识化的兴起，知识产权已成为国际竞争的焦点。拥有知识产权的数量和质量，已经成为衡量一个企业综合企力和市场竞争力的重要标志。胡锦涛总书记指出：坚持自力更生、自主创新，走创新发展之路。坚持自主创新、提高自主创新能力，是我国应对未来挑战的重大选择，是统领我国科技发展的战略主线，是实现建设创新型国家目标的根本途径。全世界每年约有160万件专利发表在专利文献上，专利文献中蕴含着丰富的技术、法律和市场信息，这些信息包括有关竞争对手的研发信息、技术和产业动向信息，可供许可或转让的专利技术信息，等等。专利信息是企业进行技术创新的重要资源，加快专利信息的传播、开发和利用，对推动企业技术创新具有重要意义。

2008年国务院发布了《国家知识产权战略纲要》，从国家层面推动知识产权战略的实施；2012年7月，国务院又发布了《“十二五”国家战略性新兴产业发展规划》，详细规划了我国“十二五”期间的新兴产业发展之路。这两个文件都强调了要建立健全重要领域和新兴产业的专利分析和预警应急工作。

为了指导企业建立有效的专利预警机制，有效运用现有的专利信息，由林文律师主编，组织云南八谦律师事务所、云南省科学技术发展研究院、昆明市律师协会知识产权法律事务专业委员会结合“三七”在云药中的重要地位，撰写了《三七医药专利预警分析》。

我们滇虹药业秉持“以人为本、艰苦奋斗、科技兴药”的企业理念，与知识产权战略所要求的科技创新是紧密相连的，知识产权战略是一种以权利保护为重要内容的整体战略，不仅仅是法律问题，更多的是与国家的科技政策、产业政策、文化政策、教育政策等相关的公共政策选择问题。随着知识经济的蓬勃兴起和经济全球化的深入发展，企业作为市场经济主体，无论是在吸引资本投资、寻求商业合作、拓展国内外市场，还是在进行研发创新、加快转型升级、提升竞争力等各个方面，都离不开知识产权战略的支撑。

滇虹药业“关注健康，造福人类”的企业追求，需要持续的创新动力才能满足，因此，经过我们长期的创新和围绕重点领域研发，“康王”以其广泛的美誉度和影响力，已经在消费者大健康产业取得重大突破。企业是知识产权创造与运用的主体，企业不断提高知识产权管理水平，是国家及区域知识产权战略成功实施的关键。企业知识产权战略属于公司经营发展战略的组成部分，其目标的实施与公司其他战略往往是相互包含、相互交错的。林文律师的团队非常注重企业的实际，其制定的企业知识产权战略具有操作性和前瞻性，切实解决企业的实际问题。

正是在滇虹药业快速发展过程中和林文律师及其团队开始合作的，作为我公司的企业知识产权战略顾问，深感他们在知识产权战略方面有着深厚的理论功底和丰富的实践经验，林文律师及其团队针对我公司的知识产权现状进行诊断，并对公司的重要领域或新产品上市进行专利分析与预警，企业知识产权战略报告中提出的建议与措施在公司内部得到了有效执行，极大地提升了公司的技术水平和独特的竞争力。

《三七医药专利预警分析》一书，面向政府机关、企事业单位、科研机构、专利工作者、医药行业，立足于三七医药专利信息的分析、利用和实施，同时结合三七医药发展趋势对三七医药行业的发展方向进行了探索，对于我国今后的三七医药行业发展和构建企业知识产权战略预警机制具有重要作用。因此，我十分愿意推荐此书。

是为序！

滇虹药业集团股份有限公司董事长、总裁
美国乔治华盛顿大学终身教授
世界自我药疗产业协会（WSMI）主席

前　言

在经济全球化与知识经济时代，市场竞争已由产品制造提升到研发创新、专利（技术标准）创造价值的层次，专利已成为企业竞争的有力工具。全球500强企业均是专利技术和知识产权的500强，知识产权战略在这些企业发展中起到了巨大作用，为这些企业创造了巨大经济利益，已成为他们最核心的战略资源要素与竞争武器。专利是发现新技术信息独特的信息源，也是竞争情报最重要的信息源之一。据世界知识产权组织（WIPO）统计，世界上每年发明创造成果的90%-95%可以在专利文献中查到，在各种期刊、杂志、百科全书等有关技术发展的资料中，唯一能够全面公开技术核心的只有专利。专利文献提供的信息有许多是申请人不得不向公众透露而在其他任何地方都不会透露的关键信息，而且包含有战略方向、市场经营、人才资源等多方面的重要竞争情报信息。

有效利用专利信息，可避免现有的发明因为缺乏信息而被再发明，已经解决的问题因为缺乏信息而再一次被解决，已经上市的产品因为缺乏信息而再研发，更可以缩短新技术研发时间60%，节省研发经费40%。尤其预防新产品上市后因被控专利侵权导致市场份额、企业声誉、经营战略受到严重影响。因此，专利文献对于研发管理、新品上市及技术情报具有非常重要的意义，对专利文献进行分析不仅可以缩短研发的周期与投入的资源，还可以了解技术的发展现状，为技术趋势预测提供基础信息。

目　录

第 1 章

项目概述

1.1 背景和意义

医药产业是世界公认的国家经济发展快速增长的产业。医药技术创新是企业发展和振兴医药产业的共识，我国出台了多项政策扶植医药产业，这些都为医药产业技术的发展提供了很好的机遇。我国专利制度的起步较晚，医药技术不是很成熟，企业并未掌握相关领域的核心专利技术。

三七具有“活血化瘀、消肿定痛”之奇效，云南文山壮族苗族自治州作为三七原产地和主要生产地，为云南省天然医药的发展提供了重要保障，以三七为主要原料的医药企业在云南省以及中国医药行业内均占据重要战略地位。为使云南省以三七为主要原料的医药企业健康迅速发展，增强企业抵御专利侵权风险的能力并逐步发展成为具有自主知识产权和核心竞争力的企业，有效利用专利信息，建立专利预警机制势在必行。

本书通过对国内外三七医药产业技术发展状况的调研，明确三七医药技术发展的方向和重点，对专利信息进行分析研究，对三七医药企业技术研发风险进行预警，以帮助企业掌握行业技术发展状况、竞争对手的技术水平和专利策略，提升企业预防和解决专利争端的能力，提升医药产业的自主创新能力，构建知识产权预警管理体系。

1.2 目 标

综合分析国内同类技术专利布局，结合市场信息及专利信息，确定目前重要竞争对手以及潜在的重要竞争对手，通过对竞争对手专利进行技术及产品分类分析，揭示竞争对手的专利布局情报；结合竞争对手商情及专利运营情报，从战略层面为企业自身的专利布局、专利风险预防提供借鉴参考。

第 2 章

数据资源

笔者所在单位拥有先进的智能化专利战略分析平台、多种专利分析工具和专业的专利技术分析专家，可以进行全面、专业的专利统计分析和深度专利战略分析。

2.1 检索资源

从中国国家知识产权局专利数据库中提取1985年至2012年4月时间范围内的以三七为原料的医药行业全部专利数据。

从CNIPR在线数据库中提取美国、日本、韩国与三七相关的全部医药专利数据。

2.2 检索关键词

中文关键词：三七；田七；山漆；血参；金不换；南国神草；参中之王；参三七；铜皮铁骨；盘龙七；人参三七；佛手山漆；田漆；田三七；滇三七；云三七；云南三七；云南田七；盘龙七；旱三七；三七参；滇七；汉三七；萝卜七；血三七；鲜三七；春三七；冬三七；汗三七；生三七；三七粉；三七根；三七叶；三七茎；三七须；三七末；三七花；三七头。

英文关键词：Sanchi；Panax notogiseng （Burk）F. H. Chen；Radix Notoginseng；Panax notoginseng；Sanqi。

国际专利分类号：A61K；A61P；A23L；C12G；GO1N；A23F；C07J；A61Q；A61M。❶

---

❶ 当一件专利申请涉及不同的技术领域时，往往会给该申请赋予不同的IPC分号类，其中该专利所涉及的最主要的技术分类为第一个分类，其余为副分类。因此，本报告中涉及技术领域分析的部分同时包含了主分类号和副分类号。

2.3 报告中所涉及的数据及分类说明

2.3.1 专利数据的滞后性

《专利法》规定，如果发明专利申请人不申请提前公开，专利在申请之日起18个月后公开。因此，虽然本报告分析的数据截至2012年4月，实际上仍有一些专利申请日早于2012年4月，但未列入本次分析中。

2.3.2 授权分析的内容只限于发明专利

《专利法》规定，发明专利采用早期公开、延迟审查制，而实用新型和外观设计专利采用初步审查制。初步审查制的特点是专利申请不经过实质审查，满足初步审查的要求之后即可授予专利权，所以对实用新型和外观设计进行授权分析没有实质性的意义。因此，本分析报告中，如无特殊说明，专利数据均为发明专利数据。

2.3.3 申请人为共同申请时的统计规则

参照国家知识产权局的分类方法，我们把专利申请人分为企业、大专院校、科研院所、机关团体、个人等5类。在本报告中，涉及申请人为不同性质单位共同申请时，我们根据通常的规则，在有多个申请人时，将排位在后的申请人分到位于前位的单位中。例如，当企业和大专院校共同申请时，把该专利默认为企业专利；当科研院所和个人共同申请时，把该专利默认为科研院所专利，其他情况依此类推。

2.4　数据筛选

2.4.1　申请人合并

表 2-1　申请人合并明细

序号	原申请人	合并后申请人
1	天津天士力制药股份有限公司	天津天士力制药股份有限公司
2	天津天士力现代中药研究开发有限公司	
3	天津天士力现代中药资源有限公司	
4	天津天士力之娇药业有限公司	
5	云南白药集团股份有限公司	云南白药集团股份有限公司
6	云南白药集团文山七花有限责任公司	
7	云南白药集团无锡药业有限公司	
8	云南白药集团天然药物研究院	
9	云南白药集团天紫红药业有限公司	
10	云南白药实业股份有限公司	
11	云南白药集团大理药业有限责任公司	
12	云南白药集团股份有限公司研究所	
13	云南白药集团天然药物研究所	
14	云南白药中草药芯片有限公司	
15	云南白药厂	
16	云南白药实业股份有限公司研究所	
17	昆明制药股份有限公司	昆明制药集团股份有限公司
18	昆明制药集团股份有限公司	

2.4.2 数据审查

经有关医药领域专家审查，技术分类和检索策略符合项目分析需求，可以进行下一步分析工作。

在国家知识产权局专利检索平台中，用前述关键词检索到专利共计9047件，对这9047件专利进行仔细研究，删除与本项目无关的三七种植、三七农药等专利后，剩余6864件为最为相关的专利。从 CNIPR 在线数据库中提取美国、日本、韩国与三七相关的医药专利 168 件。以下的专利分析将以前述专利作为本次专利预警分析报告分析的基础。

2.5 报告数据收集截止日期

本报告数据收集截止日期为 2012 年 4 月 30 日，如无特别说明，报告均以专利“申请日”为基准。

第3章

中国专利分析

3.1　行业总体分析

3.1.1　申请趋势分析

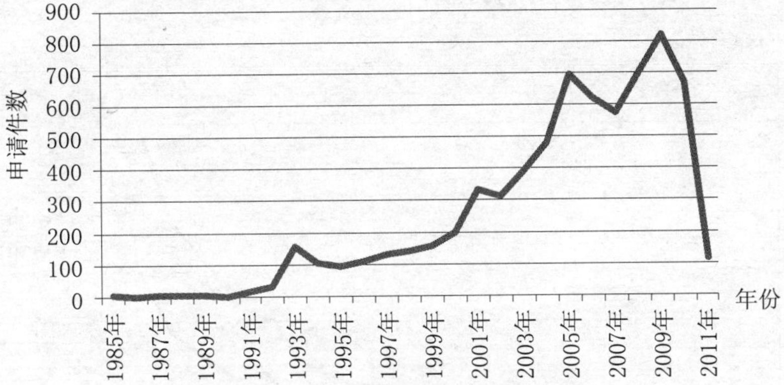

图 3-1　中国大陆专利申请量趋势图

表 3-1　申请年与申请量对应表

申请年份	申请件数	申请年份	申请件数	申请年份	申请件数
1985	3	1994	102	2003	390
1986	1	1995	93	2004	481
1987	4	1996	108	2005	695
1988	5	1997	131	2006	621
1989	6	1998	143	2007	575
1990	0	1999	157	2008	701
1991	14	2000	199	2009	821
1992	30	2001	332	2010	667
1993	155	2002	312	2011	113

图 3-1 和表 3-1 数据显示，1985 年至 1992 年处于技术萌芽期，该阶段专利申请量少，年均不超过 10 件；1993 年申请量突破百件，1993-2000 年专利申请量不断增长，处于第一阶段成长期；2001 年专利申请量实现第一次跨越，突破 300 件，这与 2000 年的《专利法》修改具有一定

联系，申请人对专利认识加强，2001 年至 2009 年专利申请量为快速成长期。

2009 年后，由于专利制度的原因，申请的专利尚未完全公开，但根据发展趋势，该领域的专利申请量将会继续增长，技术仍处于成长期。

3.1.2 技术生命周期分析

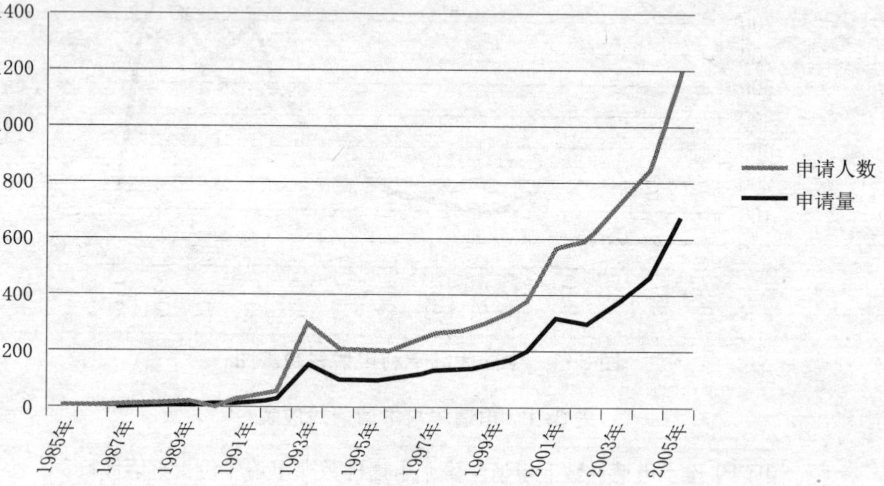

图 3-2 中国专利技术生命周期分析

表 3-2 技术生命周期表

年份	申请量	申请人数	年份	申请量	申请人数	年份	申请量	申请人数
1985	3	3	1992	30	33	1999	157	167
1986	1	1	1993	155	154	2000	199	180
1987	4	4	1994	102	108	2001	332	249
1988	5	9	1995	93	103	2002	312	299
1989	6	16	1996	108	108	2003	390	333
1990	5	6	1997	131	138	2004	481	379
1991	14	20	1998	143	138	2005	695	506

技术生命周期是某技术在某一阶段内专利申请数量与专利申请人数量之间的关系图，能直观反映该技术的发展状态。如图 3-2 和表 3-2 所示，该领

域技术 1985 年至 1992 年专利申请量和申请人数都较少，申请人进入意愿较低，处于技术萌芽期；1993 年至 2009 年，专利申请量和专利申请人都在不断增长，说明有关三七的研究和利用越来越受重视，申请人进入明显增加，研究人员和研究成果都在不断增加，处于技术成长期。预计未来几年该领域的申请人和申请量仍会不断增长。

3.2　竞争力分析

3.2.1　申请人专利申请量排名分析

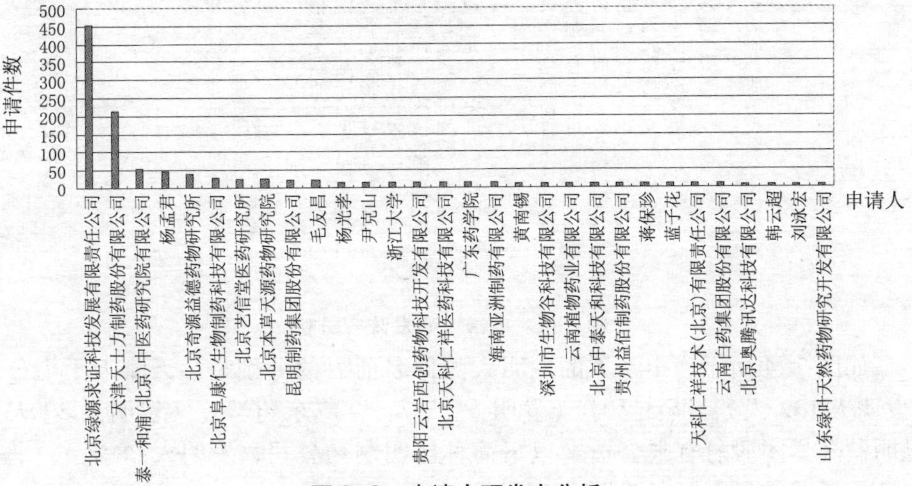

图 3-3　申请人研发力分析

如图 3-3 所示，申请量排名前五的分别是：北京绿源求证科技发展有限公司（以下简称北京绿源求证公司，申请量 452 件），天津天士力制药股份有限公司（以下简称天津天士力公司，申请量 215 件），泰一和浦（北京）中医药研究院有限公司（以下简称泰一和浦（北京）公司，申请量 55 件），杨孟君（申请量 46 件），北京奇源益德药物研究所（申请量 39 件）。可见，排名前三的专利申请人专利申请量都是成倍增长，差距较大。排名第 4 及后面的申请人之间的专利申请量逐步下降，但差距不大。

3.2.2 申请人发明人数排名分析

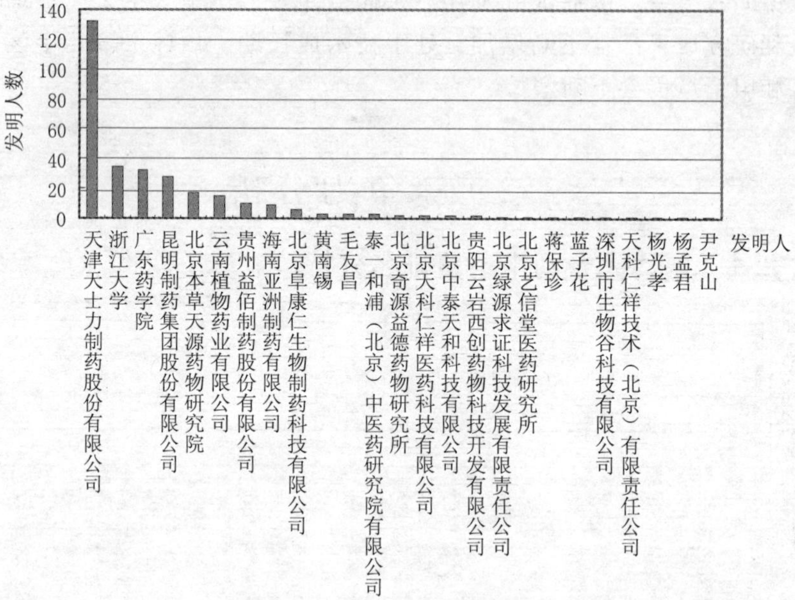

图 3-4 申请人研发阵容分析

如图 3-4 所示，申请人的发明人数排名前五的分别是：天津天士力公司（发明人 132 人），浙江大学（发明人 35 人），广东药学院（发明人 32 人），昆明制药集团股份有限公司（以下简称昆明制药公司，发明人 28 人），北京本草天源药物研究所（发明人 19 人）。

图 3-3 和图 3-4 数据显示，专利申请量排名跟发明人数排名并不匹配，只有天津天士力公司的专利申请量和发明人数都较多，且都在前五。除此之外，昆明制药公司和北京本草天源药物研究所的发明人数和研发成果基本匹配。值得特别注意的是，北京绿源求证公司专利申请量 452 件，发明人数却只有 1 人，由此可见这位研发人员的实力之强。秦一和浦（北京）公司、北京奇源益德药物研究所的发明人数较少，但专利产出量却比较多，也说明这两个机构的发明人研发能力也较强。

发明人数量是一个企业研发实力的象征，进入发明人数量排名前 10 的云南企业仅有昆明制药公司和云南植物药业有限公司两家企业，这明显与云南以三七为主要原料的医药区域发展战略相距较大。

3.3　发明人分析

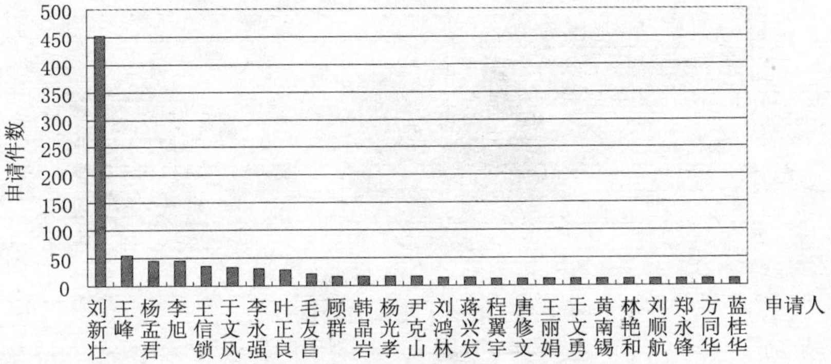

图3-5　发明人研发力分析

如图3-5所示，研发力最强的是刘新壮——北京绿源求证公司董事长，其申请与三七有关的专利453件，但刘新壮在该领域申请专利最早的时间是2007年，可见其进入该领域的研究较晚。刘新壮申请的专利除一件在A23L类别外，其他452件全在A61K领域。

研发能力排名第二的是王峰——泰一和浦（北京）公司的员工，专利申请量55件。虽然排名第二，但仅有排名第一的刘新壮专利申请数量的12%。王峰对该领域的研究起步较晚，2009年才有专利申请，且申请的专利全部都在A61K领域。

研发能力第三的是杨孟君，专利申请量46件，与排名第二的王峰相差不大，其对该领域的研究较早，2000年已有专利申请，但近几年没有与三七相关的专利产生，其可能已转移研究方向。其申请的专利也全部为A61K领域。

前5名发明人中无一云南省内发明人，说明云南省内发明人需要加强三七专利申请。

3.4 申请人类别分析

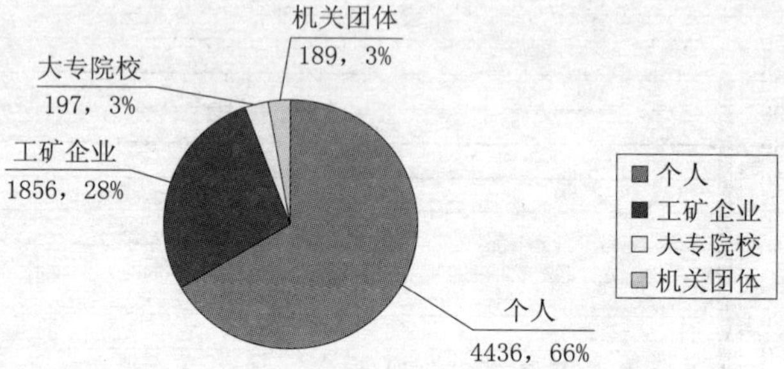

图 3-6 申请人类别及申请件数

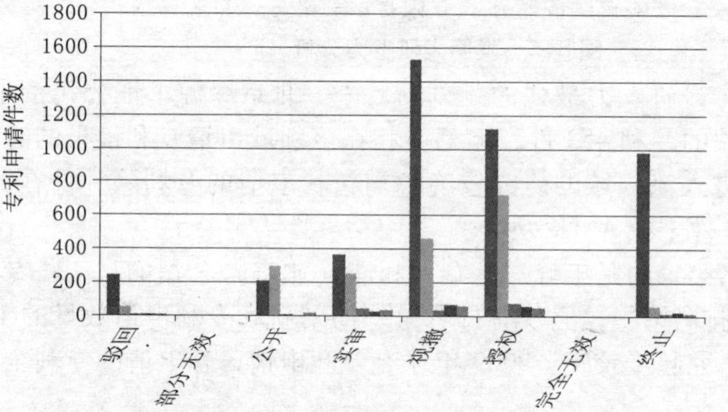

图 3-7 申请人类别及法律状态

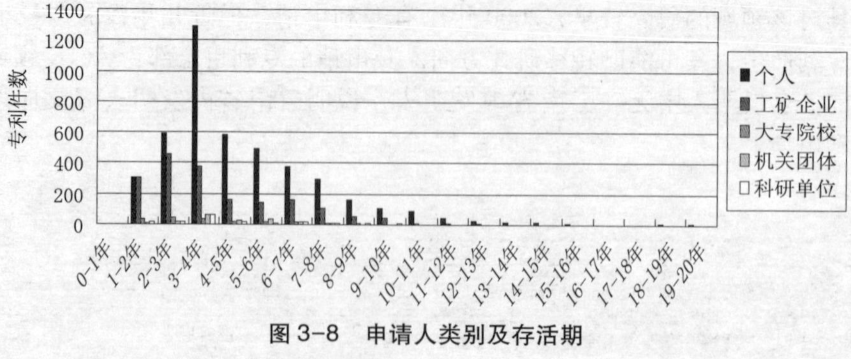

图 3-8 申请人类别及存活期

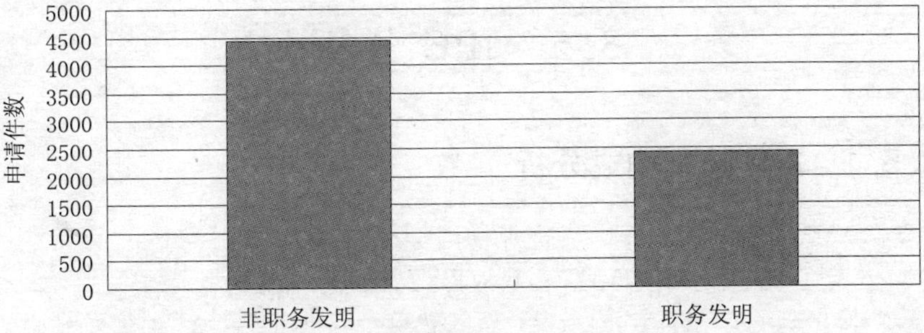

图 3-9　职务状况申请量分析

由上述图 3-6 至图 3-9 数据得知，有关三七的专利技术以个人名义申请专利所占比例为 64.63%，超过一半。同时从存活期分析得知，该领域最初基本都是个人研究较多，所以专利存活期 10 年以上的专利大多数都是自然人申请的。由于自然人的技术条件和研发能力都有限，所以其申请的专利最后的授权比例明显小于企业的授权比例。这说明与三七有关的医药专利技术研发难度加大，企业还未能成为技术创新主体。

存活期分析，企业对与三七相关技术的关注和研发主要在近 10 年，且最近几年研发投入和研发成果越来越多。虽然企业的专利申请量排名第二，但授权专利的比例却是最高的，因为企业有规范的管理流程、研发团队和配套的专业专利服务机构，所以专利授权率高。

由于三七领域的个人研发者较多，非职务发明几乎是职务发明的 2 倍。因此，企业可以考虑将单个优秀的研发者纳入自己公司的研发团队，从而开发和创新三七研发技术和产品开发。

另外，科研院校和机关团体有关三七专利技术的存活期较长，且授权比例较高，是企业技术研发的合作对象。

3.5 IPC 分析

3.5.1 IPC 技术构成分析

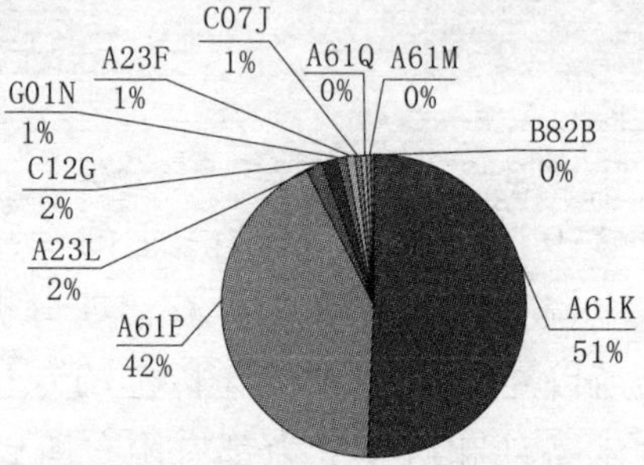

图 3-10 IPC 技术构成（前 10）

如图 3-10 所示，有关三七的专利在 A61K 类有专利6637件，所占比例为 50.62%；其次是在 A61P 类有专利5519件，所占比例为 42.09%；排名第三的是 A23L，所占比例为 1.76%。

3.5.2 主 IPC 技术构成分析

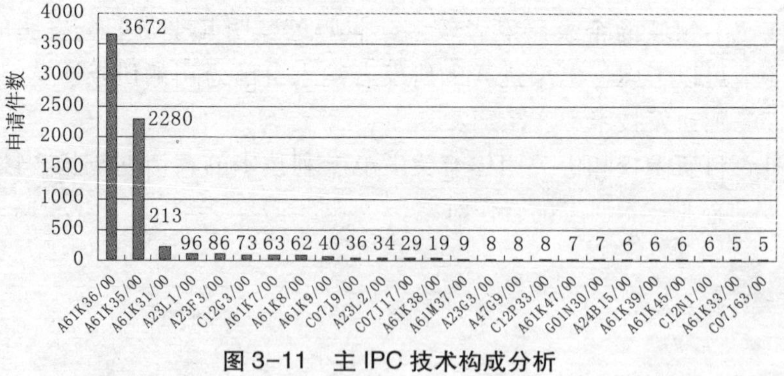

图 3-11 主 IPC 技术构成分析

表 3-3　主 IPC 排名

IPC 大组	申请件数	IPC 类别含义
A61K36/00	3672	含有来自藻类、苔藓、真菌或植物或其派生物，例如传统草药的未确定结构的药物制剂
A61K35/00	2280	含有其有不明结构的原材料或其反应产物的医用配制品
A61K31/00	213	含有机有效成分的医药配制品
A23L1/00	96	食品或食料；它们的制备或处理
A23F3/00	86	茶；茶代用品；其配制品
C12G3/00	73	其他酒精饮料的制备
A61K7/00	63	（转入 A61K8/00 至 A61K8/99，A61Q7/02，A61Q11/00，A61Q11/02，A61Q99/00）
A61K8/00	62	化妆品或类似的梳妆用配制品
A61K9/00	40	以特殊物理形状为特征的医药配制品
C07J9/00	36	含有碳、氢、卤素或氧的正系甾族化合物，在 17β 位上被 1 条多于两个碳原子的链所取代，如胆烷、胆甾烷、粪甾烷
A23L2/00	34	非酒精饮料；其干组合物或浓缩物；它们的制备
C07J17/00	29	含有碳、氢、卤素或氧的正系甾族化合物，具有 1 个不与环戊烷并氢化菲骨架稠合的含氧杂环
A61K38/00	19	含肽的医药配制品

由表 3-3 的主 IPC 排名可见，有关三七的专利主要集中于 A61K36/00 的药物制剂领域，其次在 A61K35/00 和 A61K31/00 的医用配制品领域。

3.6 存活期分析

3.6.1 法律状态存活期分析

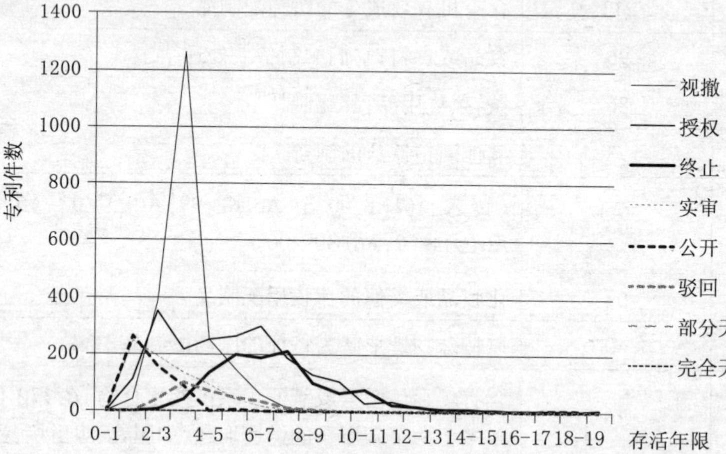

图 3-12 法律状态存活期

分析图 3-12 可知，已授权的专利中，绝大部分的存活期在 10 年以下，其中 2-3 年存活期的专利最多。10 年以上的专利数量较少。值得注意的是，19-20 年存活期的专利仅有三件。专利生命周期长，说明申请人重视该件专利的保护，而且生命周期也是考量核心专利的要素之一。一般来说，10 年以上专利少，说明申请人掌握三七医药的核心技术程度有待加强。

3.6.2 申请人存活期分析

在排名前 5 位的申请人中，天津天士力公司的专利存活期相对较长，8-9 年存活期的有 16 件。此外，昆明制药公司的专利存活期最长，12 年以上存活期的专利有 9 件，其中有 1 件专利的存活期达到 17-18 年。

3.7　各区域专利申请量排名

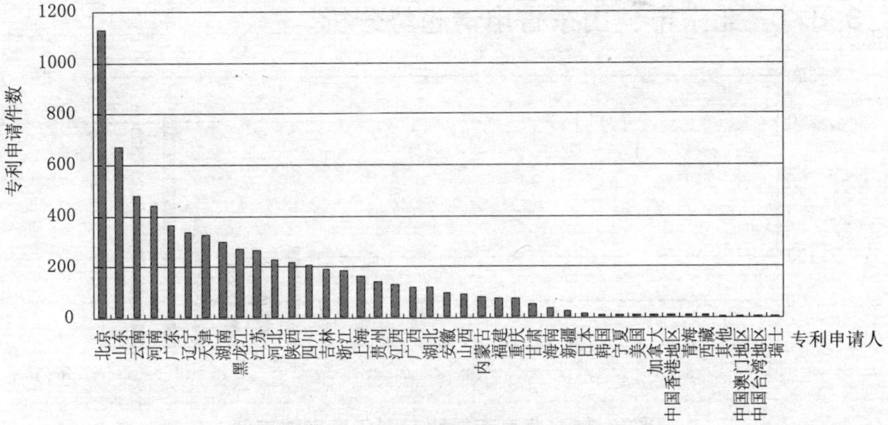

图 3-13　各区域专利申请量

表 3-4　前 10 名区域专利申请量

区域/代码	申请件数
北京;11	1131
山东;37	670
云南;53	480
河南;41	438
广东;44	364
辽宁;21	335
天津;12	327
湖南;43	300
黑龙江;23	268

分析图 3-13 和表 3-4 可知，排名前三的分别为北京市、山东省和云南省。申请量分别为1131件、670 件和 480 件。云南省作为三七原产地和三七医药原料药的大省，尽管进入前 3 名，但与北京市相比，还不到其一半的申请量。

3.8 重点区域分析

3.8.1 北京市、山东省申请趋势分析

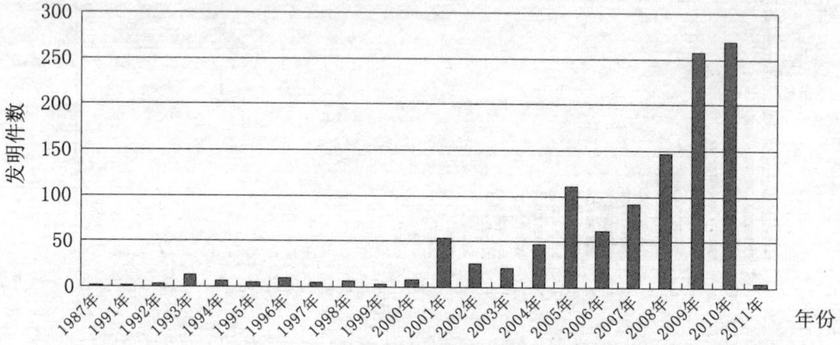

图 3-14 北京市发明专利年度申请趋势

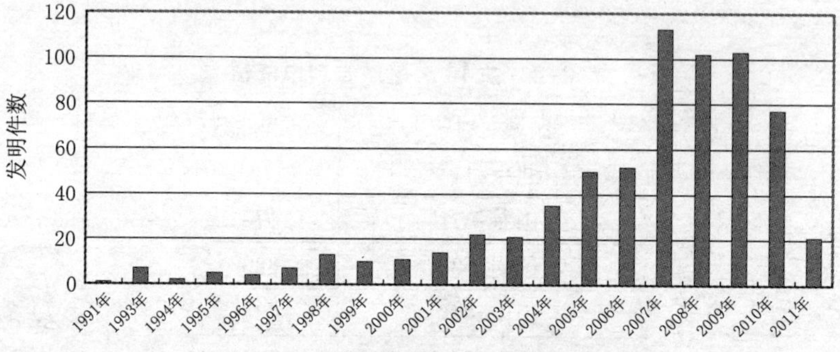

图 3-15 山东省发明专利年度申请趋势

从图 3-14、图 3-15 可知，北京市三七医药专利申请的最早时间为 1987 年，从 2001 年的 53 件起，专利申请量基本上持续增长，2010 年达到峰值的 269 件。预计近几年专利申请量会持续上升。

山东省三七专利申请的最早时间是 1991 年。2004 年开始申请量持续增长，2007 年达到峰值的 113 件，尽管 2008 年和 2009 年稍有下降，但下降不明显。预计近几年会维持在 110 件以上。

3.8.2　北京市、山东省三七医药技术构成分析

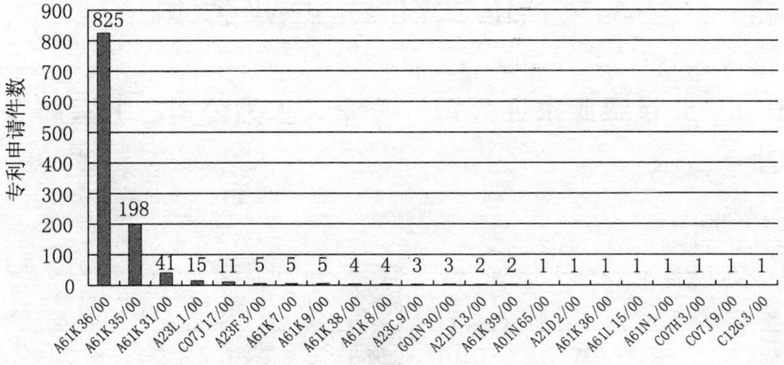

图 3-16　北京市三七医药主 IPC 技术构成

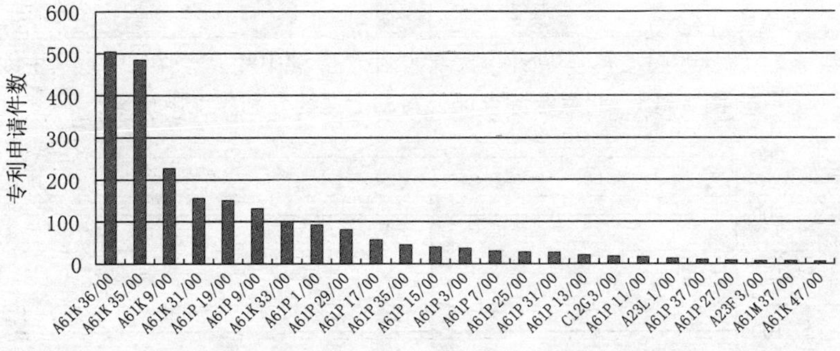

图 3-17　山东省三七医药主 IPC 技术构成

从图 3-16、图 3-17 得知，北京市和山东省有关三七医药专利的申请主要集中在 A61K36，所占比例达到 73%。说明北京市和山东省主要以制剂为主，且技术研发方向比较单一，此种研发策略优势为容易取得技术成果，劣势为一旦技术失败或短时间内难以取得技术成果时对生产经营战略的影响较大。

3.9 重要生产企业分析

3.9.1 北京绿源求证公司、天津天士力公司三七医药专利申请趋势分析

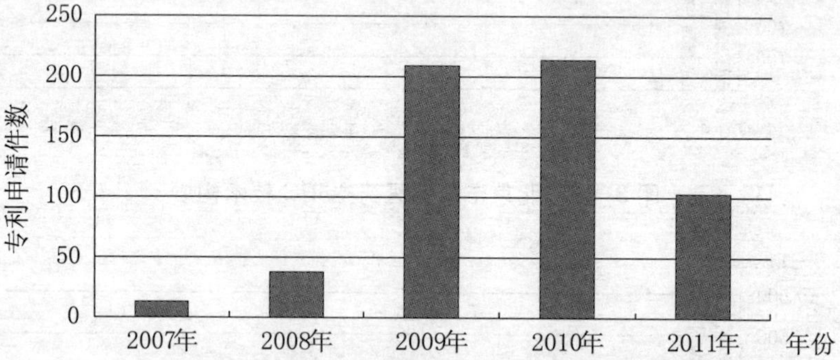

图 3-18 北京绿源求证公司三七医药专利年度申请量

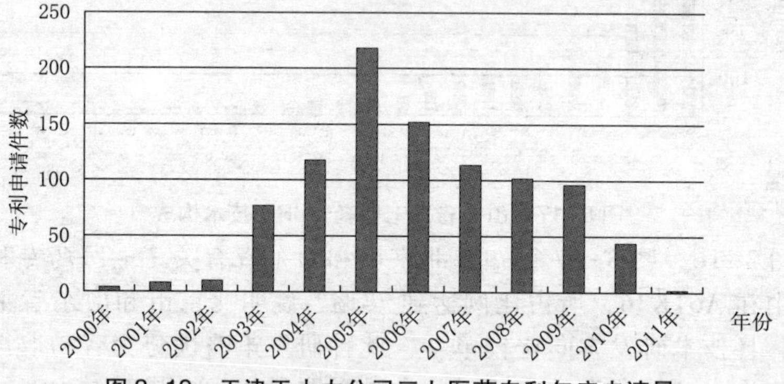

图 3-19 天津天士力公司三七医药专利年度申请量

分析图 3-18、图 3-19 可知，天津天士力公司在 2000 年已开始申请有关三七医药的专利，北京绿源求证公司进入该领域相对最晚，2007 年才有三七医药的专利申请。天津天士力公司在 2005 年已达到申请最高峰 218 件，进入时间较晚的北京绿源求证公司在 2010 年已申请 214 件（该年的专利还尚未完全公开）。可见，北京绿源求证公司虽然对三七医药专利的研发起步较晚，但其研发能力较强。

天津天士力公司还在云南省设立子公司，在文山大面积种植三七，以保

证上游原料的供应。说明外地企业看好三七医药行业的发展趋势，并多策略以保证其强势市场地位。

3.9.2　北京绿源求证公司、天津天士力公司三七医药专利构成分析

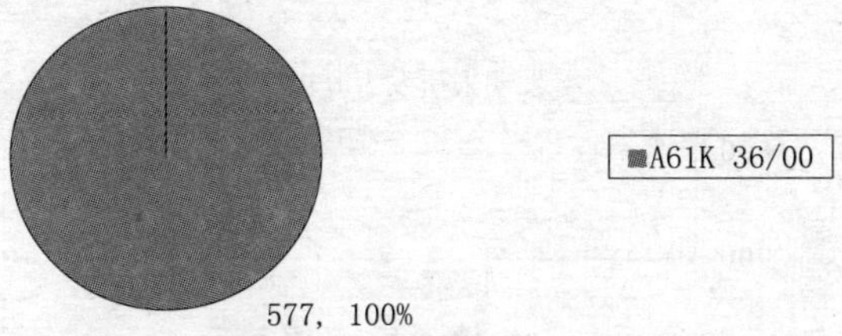

图 3-20　北京绿源求证公司三七医药专利构成

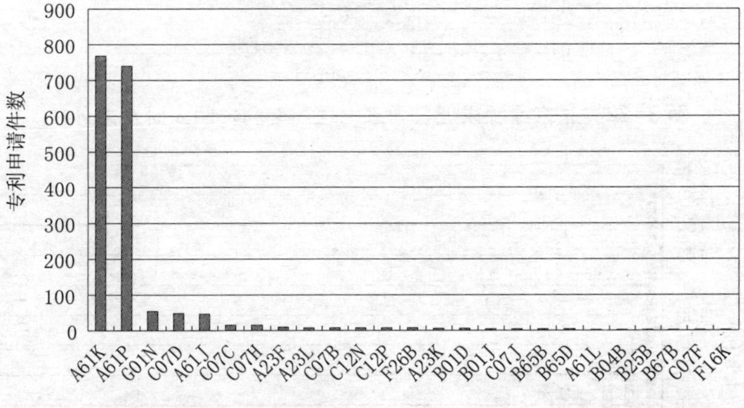

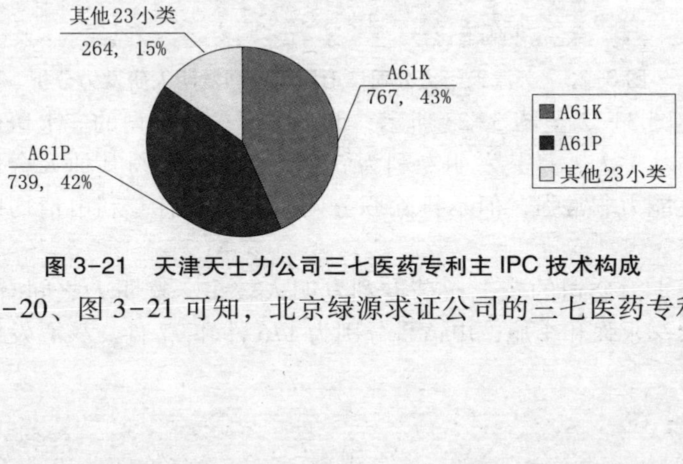

图 3-21　天津天士力公司三七医药专利主 IPC 技术构成

由图 3-20、图 3-21 可知，北京绿源求证公司的三七医药专利申请非常

集中，全部在 A61K36 类。天津天士力公司的三七医药专利申请 67.29%在 A61K36 类。这说明此两家企业的研发方向基本相同，同时看好 A61K36 类的市场发展。

3.9.3 北京绿源求证公司、天津天士力公司三七医药专利发明人研发力分析

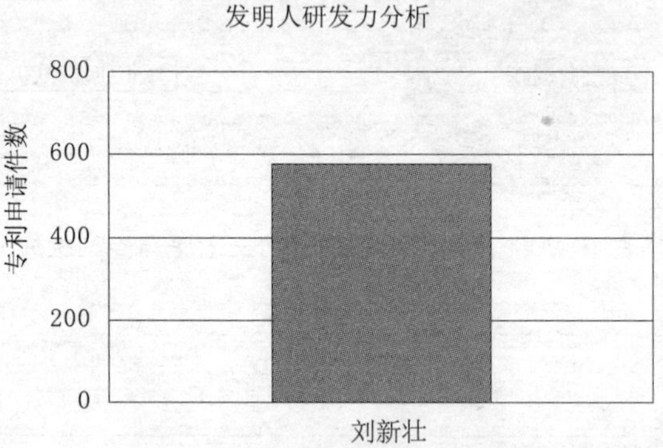

图 3-22 北京绿源求证公司三七医药专利发明人研发力分析

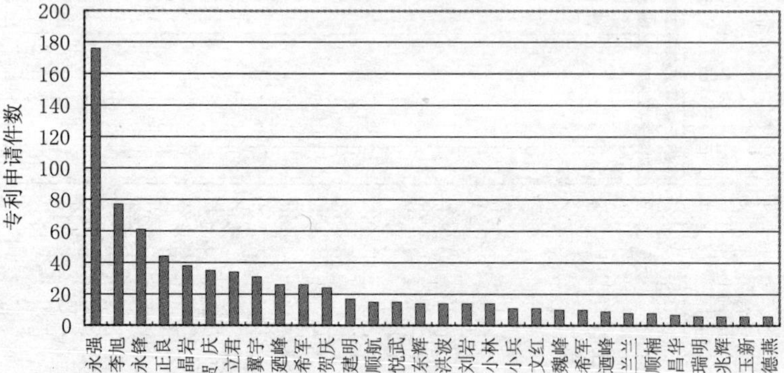

图 3-23 天津天士力公司三七医药专利发明人研发力分析

如上述图 3-22 至图 3-23 所示，北京绿源求证公司的三七医药专利发明人只有刘新壮 1 人，且其发明专利为 577 件，未发现与其他人合作。由此可见，其研发能力非常强，但不排除职务发明专利所有专利申请均以其对外为显名的策略。

天津天士力公司的三七医药专利发明人较多，发明人之间有合作关系。核心发明人李永强和李旭，申请量分别为 176 件和 77 件。核心发明人是竞争

对手引进人才或技术合作的重要对象。

3.9.4 北京绿源求证公司、天津天士力公司三七医药专利申请布局分析

北京绿源求证公司以“中药、上述重量、当归”为关键词的专利申请量非常多，且申请非常集中，已形成专利网。以“中药、糖尿病、当归”为关键词的专利申请已开始布局专利网。可见，该公司主要研发方向是中药，并且当归、三七都是其中药必不可少的成分之一，主要针对糖尿病的治疗。

天津天士力公司以“丹参、三七”为关键词的专利申请非常集中，已形成专利网。

3.10 技术垄断度分析

方法：分别描述前 5 位申请人的申请量占总申请量的比例；分别描述前 10 位申请人的申请量占总申请量的比例；分别描述前 15 位申请人的申请量占总申请量的比例；分别描述前 20 位申请人的申请量占总申请量的比例；分别描述前 30 位申请人的申请量占总申请量的比例。

表 3-5　前 5 位、10 位、15 位、20 位、30 位申请人的申请量占总申请量的比例

序号	申请人	申请量	占总申请量的比例
1	前 5 位申请的申请量	807	12%
2	前 10 位申请的申请量	933	14%
3	前 15 位申请的申请量	1008	15%
4	前 20 位申请的申请量	1071	16%
5	前 30 位申请的申请量	1170	17%

由表 3-5 分析得出，在三七医药领域，前 5 位申请人的申请量占总申请量的 12%，前 10 位申请人的申请量占总申请量的 14%，前 20 位申请人的申请量占总申请量的 16%，前 30 位申请人的申请量占总申请量的 17%。技术垄断度高，技术比较集中。新进入者空间较小。

需要重点关注申请量前 5 位的申请人，前 5 位申请人的申请量占据前 30 位申请量的 69%，掌握着大量的技术。

3.11 三七总皂苷专利分析

现代药理学研究表明，三七总皂苷是三七的主要有效成分。三七总皂苷具有以下药理、功效作用：

（1）对高脂血症具有明显的预防和治疗作用；

（2）具有抑制血小板粘附和聚集、抗血栓形成、改善微循环等作用，且优于阿斯匹林；

（3）能显著降低高血压患者 MDA，明显升高 SOD，增加红细胞变形能力，降低红细胞的聚集性；

（4）能显著改善体表心电图的缺血表现，缩小心肌梗塞范围，可逆转劳累型心绞痛病人的左室舒张功能障碍，甚至可使之恢复正常；

（5）可以通过抗炎和抗氧化的作用，发挥抗 AS 的作用，对血管平滑肌细胞有保护作用，能保护细胞不受高脂血清的影响，对动脉粥样硬化的发生和发展具有一定的防治作用；

（6）具有显著降低血小板表面活性，抑制血小板聚集和黏附，抗血栓形成，改善微循环等作用；

（7）对脑梗死急性期有较好的临床治疗效果，三七总皂苷可显著改善全脑缺血或局灶性缺血再灌注期间的脑水肿；

（8）三七总皂苷中的 Rg1 和 Rb1 是促进造血的有效单体，能不断促进人骨髓粒系、红系造血祖细胞的增殖，对粒系祖细胞的作用优于红系祖细胞；

（9）能使肺泡炎发生时间推迟，进展缓慢，程度较轻，几乎不形成肺纤维；

（10）具有明显的抗肝纤维化作用；

（11）对能量代谢障碍引起的神经细胞损伤有保护作用。

三七总皂苷（其主要成分为：人参皂苷 Rb1、人参皂苷 Rg1、三七皂苷 R1）是根据提取、分离技术从优质三七中提取有效的药用成分，包括 20 多种皂苷活性物质、17 种微量元素、蛋白、丰富的维生素、多糖等。三七总皂苷目前主要用应用心脑血管疾病类的药品、保健品等如“血塞通”“复方丹参滴丸”。因此，在三七医药中研究三七总皂苷具有重要的战略意义。

3.11.1 三七总皂苷申请和授权趋势分析

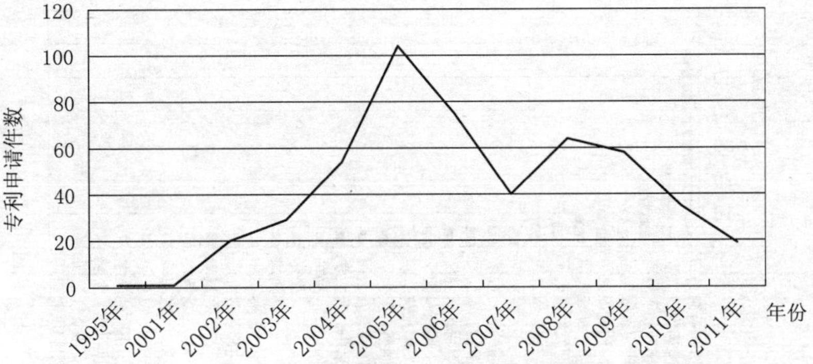

图 3-24 三七总皂苷年度申请量

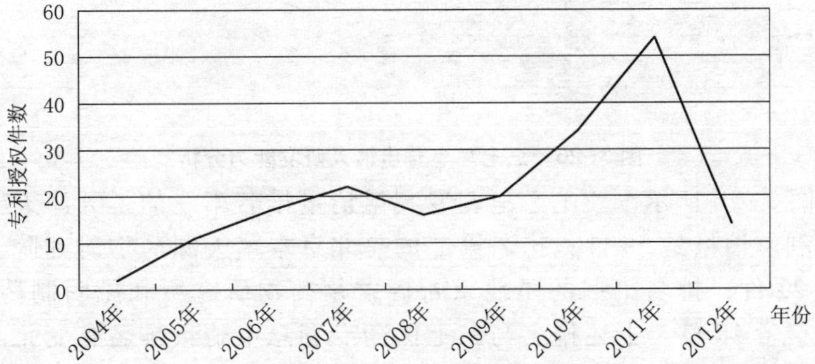

图 3-25 三七总皂苷年度授权量

如图 3-24、图 3-25 所示，三七总皂苷专利从 1995 年开始申请，1995 年至 2004 年专利申请量不断增长，2004 年达到顶峰 104 件；2005 年至今该领域的专利申请量不断降低。三七总皂苷专利获得授权时间为 2004 年，即该领域专利申请 10 年后才得到该领域的专利授权。专利授权量 2004 年至 2011 年不断增长，2011 年授权量达到顶峰 54 件。由于专利制度的原因，即专利从申请到授权需要较长时间，2011 年的专利授权量还会继续增加。该领域的专利申请趋势与授权趋势差异较大，充分说明该领域的专利研发难度较大，专利申请授权率较低。目前进入机会较好。

3.11.2 三七总皂苷申请人排名分析

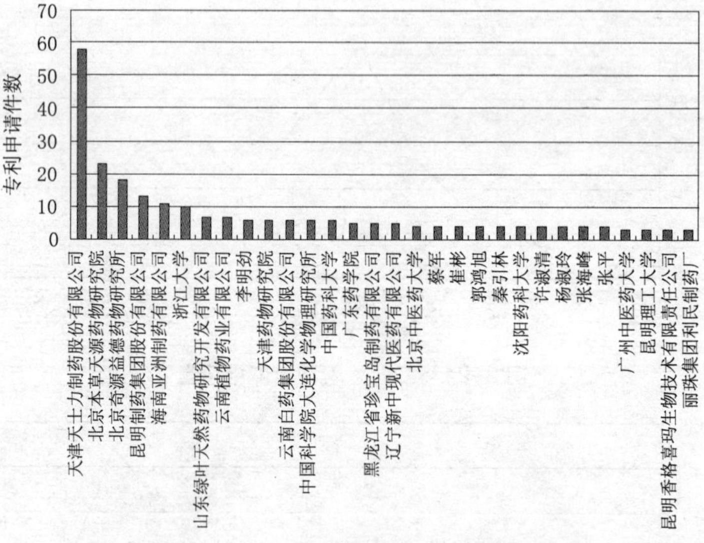

图 3-26 三七总皂苷申请人研发能力分析

如图 3-26 所示，三七总皂苷专利申请量排名第一的是天津天士力公司，专利申请量是 58 件；排名第二的是北京本草天源药物研究院，专利申请量 23 件；排名第三的是北京奇源益德药物研究所和昆明制药公司，专利申请量 18 件。上述排名与三七医药专利总申请量排名有变化。在三七总皂苷专利申请人研发能力排名中，能见到众多云南省企业，如昆明制药、云南植物药业、云南白药、昆明理工大学、昆明香格喜玛生物技术有限责任公司，这说明云南申请人在三七医药领域中的优势体现为三七总皂苷的研发方面。

3.11.3 三七总皂苷申请人技术构成分析

排名第一的天津天士力公司大多数专利申请为 A61K；排名第二的北京本草天源药物研究院主要研究领域为 A61K 和 C07J，说明其注重甾族化合物的研究。排名第五的海南亚洲制药有限公司，其主要研发力集中在 C07J（甾族化合物）。云南植物药业、云南白药和昆明制药公司等云南申请人均为 A61K 领域。整体上说明三七总皂苷研发主要以医药为主，只有少部分申请人在 A61K 领域以外进行研发和申请专利，说明三七食品、保健食品和化妆品等方面的研发竞争相比不激烈。见表3-6。

表3-6 IPC含义一览表

主分类号	含义
A61K	医用、牙科用或梳妆用的配制品
B01D	分离
C07H	糖类;及其衍生物;核苷;核苷酸;核酸
C07J	甾族化合物
C12C	啤酒的酿造
C12N	微生物或酶;其组合物;变异或遗传工程;培养基(微生物学的试验介质入C12Q)
C12P	发酵或使用酶的方法合成目标化合物或组合物或从外消旋混合物中分离旋光异构体
G01N	借助于测定材料的化学或物理性质来测试或分析材料

表3-7 昆明制药公司申请的三七总皂苷专利

序号	申请号	专利名称
1	200610048700.3	一种治疗糖尿病的鼻腔给药制剂
2	200710065619.0	一种三七总皂苷冻干粉针剂及其制备方法
3	200310120847.5	一种含三七总皂苷的大体积非肠道给药制剂及其制备方法
4	200610010988.5	一种美观抗碎的三七总皂苷冻干粉针剂及其制备方法
5	200510127637.8	三七总皂苷及其制剂用于"全身炎性反应综合征"辅助治疗的用途
6	200710065699.X	一种灯盏花素复方中药口服制剂
7	201010189034.1	无定形态人参皂苷Rb1及其制备方法
8	201010280272.3	一种治疗心脑血管疾病的人参皂苷组合物
9	200810058648.9	三七标准提取物在制备防治老年痴呆药物中的应用
10	200810096184.0	一种治疗心脑血管疾病的药物组合物
11	200910168179.0	一种用于治疗帕金森病的药物组合物
12	200910175602.X	一种药物组合物及其制备方法

续表

序号	申请号	专利名称
13	201110034049.5	三七总皂苷及其制剂用于“全身炎性反应综合征”辅助治疗的用途
14	201110053987.X	三七三醇皂苷在制备预防和治疗神经退行性疾病药物中的应用
15	201010184807.7	无定型态人参皂苷 Rg1 及其制备方法
16	96101652.3	三七皂甙粉针剂
17	96107464.7	皂甙类粉针剂注溶剂
18	98106597.X	血塞通软胶囊及其制备工艺

表 3-8 云南植物药业有限公司申请的三七总皂苷专利

序号	申请号	专利名称
1	02133464.1	三七总皂苷分散片及其制备方法和应用
2	200610010853.9	云南红药片的质量控制方法
3	200610048618.0	三七总皂苷前体脂质体及其制备方法
4	200710065967.8	三七总皂苷制备中的吸附澄清方法
5	03135782.2	三七总皂苷脂质体及其制剂
6	200310104043.6	一种三七总皂苷注射液的制备方法
7	201110039788.3	一种连续逆流超声提取结合膜技术提取三七总皂苷的方法

表 3-9 云南白药集团股份有限公司申请的三七总皂苷

序号	申请号	专利名称
1	200510010714.1	三七总皂苷缓释制剂
2	200410055105.3	三七分散片及其制备方法
3	200510011076.5	三七茎叶花提取物的质量控制方法
4	200510010934.4	田七花叶提取物及其制备方法、质量控制方法和应用
5	200410021835.1	一种 20(R)—人参皂苷 Rh2 的制备方法
6	200810233707.1	一种混合构型人参皂苷 Rh2 及其应用
7	200810233706.7	一种用于治疗血栓、心脑血管系统疾病的活性组合物

续表

序号	申请号	专利名称
8	200410021838.5	20(R)-人参皂苷 Rh2 在制药中的应用

3.11.4 三七总皂苷职务状况申请量分析

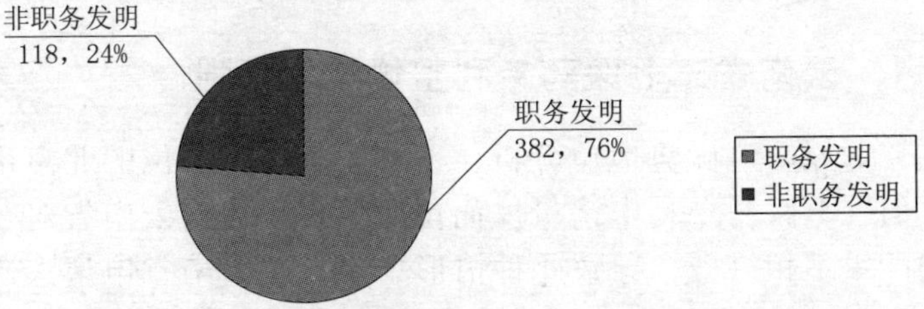

图 3-27 三七总皂苷职务发明与非职务发明申请量对比

如图 3-27 所示，三七总皂苷的专利申请职务发明量远大于非职务发明量，职务发明量所占比例为 76.40%，非职务发明量所占比例为 23.60%，这与三七医药领域专利申请中非职务发明量占多数明显不同。说明企业已成为创新的主体，三七总皂苷技术研发难度较大。

3.11.5 三七总皂苷区域申请量排名分析

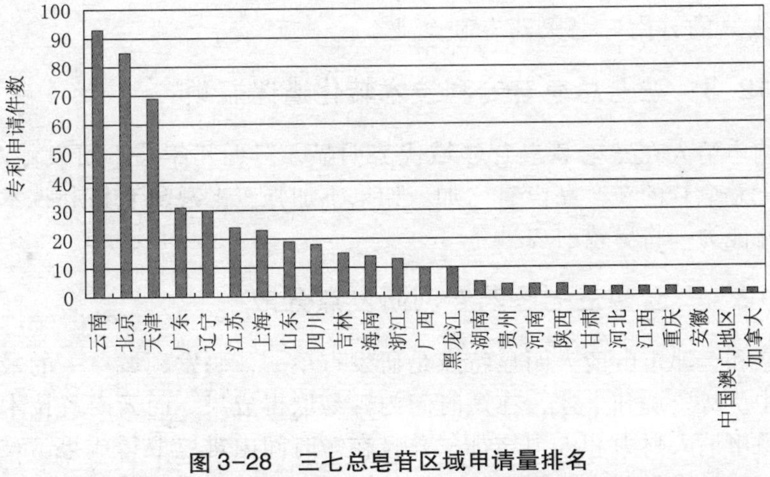

图 3-28 三七总皂苷区域申请量排名

三七总皂苷申请量排名前三的分别为云南省、北京市、天津市。三七总皂苷的专利申请量排名与三七医药专利申请量的排名发生变化，在三七医药专利领域中，云南省排名第三，但在三七总皂苷专利申请中，云南省排名第一，说明云南省申请人对三七总皂苷的研究在全国处于领先地位。

3.12 预警分析小结

3.12.1 云南省三七医药专利整体技术不强

从云南三七原产地优势地位分析，远胜于申请量首位的北京市和第二位的山东省，但三七医药专利申请量反而位居第三，这与云南省对三七医药发展政策导向严重不相符合，导致此种情形主要在于云南省申请人研发技术力量薄弱。

3.12.2 云南缺乏领导式的三七医药专利企业

尽管云南省有云南白药老字号企业，但由于云南白药系国家保密配方，在专利申请上与天津天士力公司相比，还具有一定距离。而其他申请人在三七医药领域，如云南植物药业、云南省药物研究所制药厂等申请人的三七医药专利申请数量与北京绿源求证公司、天津天士力公司相比，差距较大。云南以三七为原料生产药品的主要企业达15家以上，但至目前，缺乏龙头式的云南三七医药专利企业。

3.12.3 三七总皂苷专利技术转化遭遇瓶颈

云南申请人在三七总皂苷领域优势明显，但近几年技术研发停滞不前，包含三七总皂苷的新产品没有增加。如果不加强三七总皂苷核心技术研发和技术转化能力，将导致前功尽弃。

3.12.4 云南三七医药专利研发点分散

北京和天津市申请人明显特点是研发点单一，研发领域单一的最大优势是能集中优势资源和人才，在短时间内容易取得成果。而云南省技术研发分散，导致申请人财力和人力增加，并且在短时间内难以取得成果。难以取得成果的直接后果又可能导致研发方向改变。

云南三七总皂苷研发主要集中于医药领域，部分申请人已在非医药领域从事研究和申请专利，但还未引起企业普遍的重视。

3.12.5 云南企业未成为市场创新主体

云南申请人在三七总皂苷领域以职务发明为主，说明三七总皂苷领域研发的难度较大；但在三七医药其他研发领域，云南均以个人（非职务发明）为主，说明云南企业类申请人还未能成为市场创新的重要主体。有关数据统计，非职务发明的技术转化与职务发明相比难度更大，转化率更低，从而导致云南省专利转化率不高，产品技术含量低。

第 4 章

外国专利分析

4.1　专利申请趋势分析

4.1.1　总体申请趋势

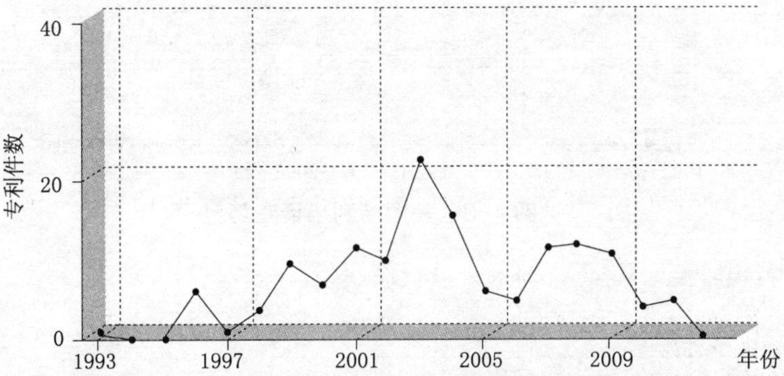

图 4-1　专利申请总体趋势

从图 4-1 分析得知，1993 年至 2012 年专利申请量起伏波动较大，1993-2003 年专利申请量在波动中不断成长，2003 年专利申请量达到最高峰 23 件，该阶段处于成长期；2004 年至 2006 年专利申请量呈现直线下降，2007 年至 2006 年的基础上有所增长，2007-2009 年处于稳定期，每年的专利申请量是 12 件。2010 年至 2012 年由于专利制度的原因，申请的专利未完全公布，但预计不会有大的增长。

4.1.2　韩国、美国、日本申请趋势

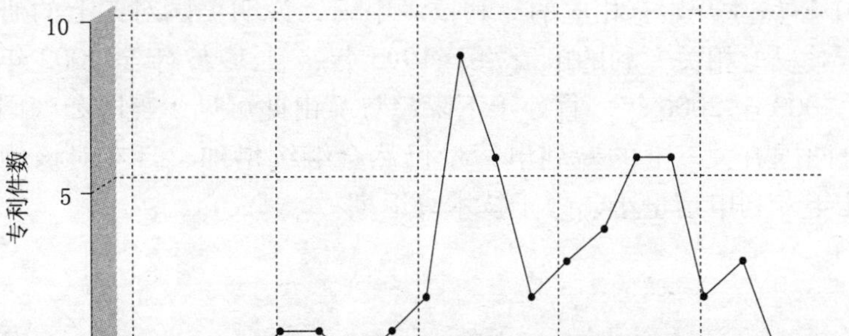

图 4-2　韩国专利申请趋势

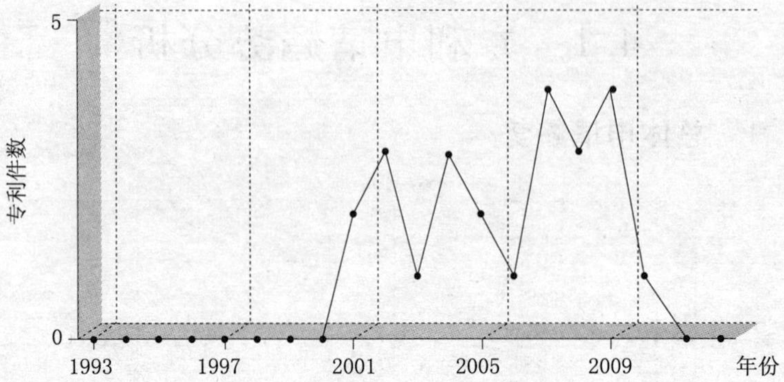

图 4-3 美国专利申请趋势

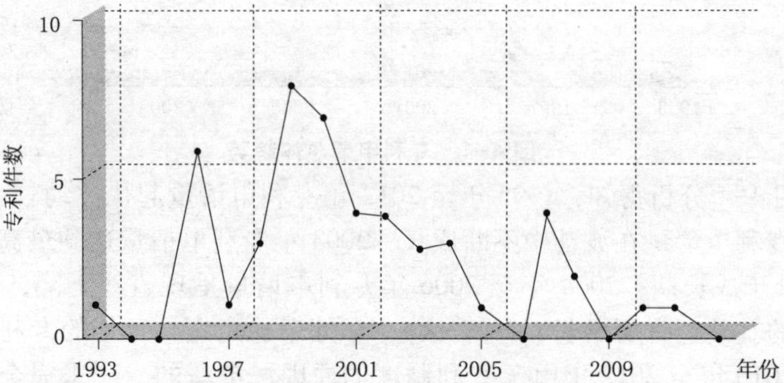

图 4-4 日本专利申请趋势

如图 4-2 至图 4-4 所示，韩国申请量最多的是 2003 年，达到 9 件，2003 年至 2009 年韩国在该技术领域一直有专利产出。美国有关三七的专利技术主要在 2001 年后才开始有相应的专利技术申请，说明美国对三七的研发起步较晚。日本对三七相关专利的申请始于 1993 年，且 1996 年至 2002 年专利申请量较多，2003 至 2006 年一直处于下降趋势。由此可见，美国和韩国属于后起之秀，且两国有关三七的专利申请量仍然会继续增加，日本对该领域研究较早，近几年专利申请量小，处于技术衰退期。

4.2　申请区域趋势分析

表4-1　各国家专利申请趋势

国别＼年份/数量	2003	2004	2005	2006	2007	2008	2009	2010	2011	2012
日本	3	3	1	0	4	2	0	1	1	0
韩国	9	6	2	3	4	6	6	2	3	0
美国	1	3	2	1	4	3	4	1	0	0
加拿大	2	1	0	0	0	0	1	0	0	0
墨西哥	4	0	0	0	0	1	0	0	1	0
新西兰	1	1	0	0	0	0	0	0	0	0
乌克兰	1	0	0	0	0	0	0	0	0	0
俄罗斯	0	0	1	0	0	0	0	0	0	0
马来西亚	1	1	0	0	0	0	0	0	0	0
保加利亚	1	0	0	0	0	0	0	0	0	0

分析表4-1可知，2003年至2012年，排名第一的是韩国，共41件；排名第二的是美国，共19件；排名第三的是日本，共15件；排名第四的是墨西哥，共6件；排名第五的是加拿大，共4件。上述国家对三七医药有计划地展开专利申请，国内申请人应当加强对上述国家的专利布局。

4.3 申请区域技术分析

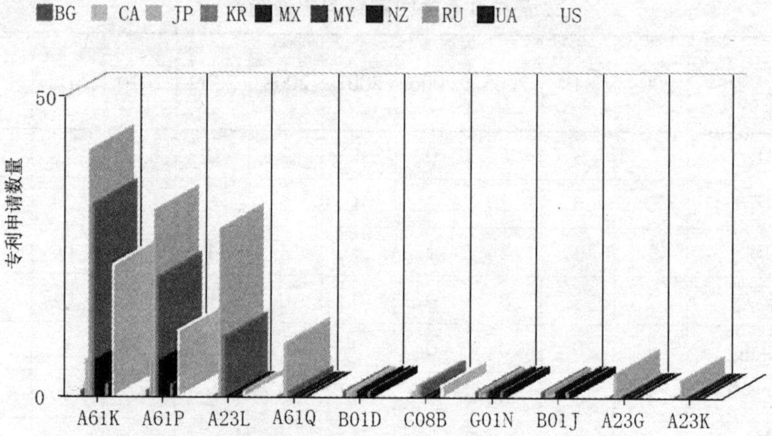

图 4-5 各国家专利申请技术分类及申请数量

表 4-2 各专利分类号及其含义

国际专利分类号	含 义
A61K	医用、牙科用或梳妆用的配制品
A61P	化合物或药物制剂的治疗活性
A23L	不包含在 A21D 或 A23B 至 A23J 小类中的食品、食料或非酒精饮料;它们的制备或处理,如烹调、营养品质的改进、物理处理;食品或食料的一般保存
A61Q	化妆品或类似梳妆用配制品的使用
B01D	分离
C08B	多糖类;其衍生物

续表

国际专利分类号	含义
G01N	借助于测定材料的化学或物理性质来测试或分析材料、传播时间测定距离、速度或存在状态的一般系统,利用其他波的类似装置入 G01S;测定照相材料的感光度,粒度,或密度入 G03C5/02;核反应堆部件的试验入 G21C17/00
B01J	化学或物理方法,例如,催化作用、胶体化学;其有关设备
A23G	可可;可可制品,如巧克力;可可或可可制品的代用品;糖食;口香糖;冰淇淋;其制备
A23K	饲料

分析表4-2及图4-5得知，韩国有关三七的技术主要分布在A61K、A61P、A23L，即主要在医药领域和保健食品领域。日本有关三七的技术主要分布在A61K、A61P、A23L、A61Q、A23G、A23K，即主要在医药、保健品、化妆品、饮料等领域。美国有关三七的技术主要在A61K、A61P即主要在医药领域。

4.4 申请人分析

表4-3 专利申请人分析

申请国家	天津天士力公司	株式会社人参科学公社	株式会社人参科学公社	邬之盛(中国台湾地区)	备前化成株式会社	日东电气工业公司	日东电气工业公司	备前化成株式会社	TANAKA TOMOJI(日本人)	莫里艾克私人有限公司(美国)
日本	0	0	0	1	0	4	4	1	4	0
韩国	2	7	6	0	1	0	0	0	0	1
美国	3	0	0	0	2	0	0	2	0	1
加拿大	4	0	0	2	1	0	0	1	0	0
墨西哥	3	0	0	2	0	0	0	0	0	1
新西兰	3	0	0	0	0	0	0	0	0	0
乌克兰	0	0	0	0	0	0	0	0	0	0
俄罗斯	0	0	0	0	0	0	0	0	0	0

续表

申请国家	天津天士力公司	株式会社人参科学公社	株式会社人参科学公社	邬之盛（中国台湾地区）	备前化成株式会社	日东电气工业公司	日东电气工业公司	备前化成株式会社	TANAKA TOMOJI（日本人）	莫里艾克私人有限公司（美国）
马来西亚	0	0	0	0	0	0	0	0	0	0
保加利亚	1	0	0	0	0	0	0	0	0	0
总计	16	7	6	5	4	4	4	4	4	3

从表4-3可知，排名第一的是中国的天津天士力公司，共申请16件专利，占29.3%，主要申请国家在韩国、美国、加拿大、墨西哥和新西兰；排名第二的是日本的株式会社人参科学公社，占22.4%，主要申请国家在韩国；排名第三的是中国台湾地区的邬之盛，占8.6%，申请国家主要是日本、加拿大和墨西哥。

表4-4　申请人技术分布

申请人	A61K	A61P	A23L	A81Q	B01D	C08B	G01N	B01J	A23G	A23K
TIANJIN TASLY PHARMACEUTICAL	17	18	0	0	4	0	4	4	0	0
GINSENG SCIENCE, INC.	5	0	2	0	0	1	0	0	0	0
GINSENG SCIENCE INC	4	0	2	0	0	1	0	0	0	0
WU TZU-SHENG	5	5	0	0	0	0	0	0	0	0
BIZER CHEMICAL CO., LTD.	1	0	1	0	0	4	0	0	0	0
NITTO ELECTRIC IND CO LTD	0	0	1	0	0	0	0	0	0	0
NITTO ELECTRIC IND CO	0	0	1	0	0	0	0	0	0	0
BIZEN CHEMICAL CO LTD	2	1	1	0	0	4	0	0	0	0
TANAKA TOMOJI	3	2	3	1	0	0	0	0	1	1
MOLEAC PTE LTD	3	2	0	0	0	0	0	0	0	0

从表4-4可知，天津天士力公司技术主要分布在A61K、A61P、B01D、G01N和B01J，即医疗领域与三七有关的化合物的提取和分离技术。日本的株式会社人参科学公社的技术主要分布A61K、A23L和C08B，即医药和保健品领域。中国台湾人邬之盛的技术主要分布在A61K和A61P，即主要是医药领域。

4. 5　发明人分析

表 4-5　发明人分析

发明人	专利数量
YAN XIJUN(中国-闫希军)	14
YE ZHENGLIANG(中国-叶正良)	11
GUO ZHIXIN(中国-郭治忻)	11
LIU YAN(中国-刘岩)	10
WU NAIFENG(中国-吴迺峰)	10
WU TZU-SHENG(中国台湾-邬之盛)	7
PARK,JEONG HILL(韩国-朴政一)	6
WEI FENG(中国-冯伟)	6
LUO CHONGNIAN(中国-罗崇念)	5
LI DEKUN(中国-李德坤)	5

如表 4-5 所示，排名第一的是中国人闫希军，是天士力集团董事长，专利申请量是 14 件，所占比例为 16. 5%；排名第二的是中国人叶正良，天津天士力公司的监事，专利申请量 11 件，所占比例为 12. 9%；排名并列第二的是郭治忻，天士力制药股份有限公司，专利申请量 11 件，所占比例为 12. 9%。前三名实质都是天津天士力公司的人员。

表 4-6 发明人合作分析

发明人	专利数	合作专利数	合作者数量	主要合作者及次数统计	
				合作者	合作次数
YAN XIJUN（闫希军）	14	14	19	GUO ZHIXIN	11
				YE ZHENGLIANG	11
				WU NAIFENG	10
				LIU YAN	9
				DONG HAIOU	3
				CHEN JIANMING	3
				ZHANG SHUNNAN	3
				YAN XINJIANG	3
				ZHAO YING	3
				LI WEI	3
				GAO BAOAN	3
				ZHU YONGHONG	3
				ZHANG JIZHONG	2
				LUO RUIZHI	1
				LUI YAN	1
				ZHANG BOLI	1
				WEI FENG	1
				ZHANG JIZHOUG	1
				ZHU GUOGUANG	1
YE ZHENGLIANG（叶正良）	11	11	9	GUO ZHIXIN	11
				YAN XIJUN	11
				WU NAIFENG	10
				LIU YAN	9
				LUO RUIZHI	1
				LUI YAN	1
				ZHANG BOLI	1
				WEI FENG	1
				ZHU GUOGUANG	1
GUO ZHIXIN（郭治忻）	11	11	9	YAN XIJUN	11
				YE ZHENGLIANG	11
				WU NAIFENG	10
				LIU YAN	9
				LUO RUIZHI	1

续表

发明人	专利数	合作专利数	合作者数量	主要合作者及次数统计	
				合作者	合作次数
GUO ZHIXIN（郭治忻）	11	11	9	LUI YAN	1
				ZHANG BOLI	1
				WEI FENG	1
				ZHU GUOGUANG	1
LIU YAN（刘岩）	10	9	4	GUO ZHIXIN	9
				YAN XIJUN	9
				YE ZHENGLIANG	9
				WU NAIFENG	9
WU NAIFENG（吴迺峰）	10	10	5	GUO ZHIXIN	10
				YAN XIJUN	10
				YE ZHENGLIANG	10
				LIU YAN	9
				LUI YAN	1
WU ZU-SHENG（邬之盛）	7	1	1	WU BERTOLOTTI JY-YUAN	1
PARK,JEONG HILL	6	6	59	PARK JEONG HILL	5
				LEE SEUNG KI	3
				LEE,SEUNG KI	3
				KIM,BOK DEUK	3
				MAENG,YONG SUN	2
				KIM,JEONG HUN	2
				KWON,YOUNG GUEN	2
				KIM BOK DEUK	2
				KIM,HYUN YOUNG	2
				YEO,SU JEONG	1
				CHO JUNG SOOK	1
				JEONG YOUNG HEE	1
				KIM SUNG HYANG	1
				LIM HYANG SU	1
				HAN MYUNG JOO	1
				OH,KI WAN	1
				LEE,JIN GYUN	1
				OH KEE WAN	1

续表

发明人	专利数	合作专利数	合作者数量	主要合作者及次数统计	
				合作者	合作次数
PARK, JEONG HILL	6	6	59	CHO,JUNG SOOK	1
				OH KI WAN	1
				LEE JIN GYUN	1
				CHONG SUNG KWON	1
				MYUNG,CHANG SEON	1
				YANG HYUN OK	1
				LEE,YONG JAE	1
				YANG,HYUN OK	1
				LIM,SUN HEE	1
				JEONG,SU JIN	1
				MAENG YONG SUN	1
				OH,KEE WAN	1
				HAN,YONG NAM	1
				BAO HAI YING	1
				LEE KEONG AH	1
				LEE,KEONG AH	1
				HAN,MYUNG JOO	1
				KANG JI YOUN	1
				LEE YONG JAE	1
				LIM,HYANG SU	1
				KIM,SUNG HYANG	1
				LIM SUN HEE	1
				JEONG SU JIN	1
				KIM,DONG HYUN	1
				CHONG,SUNG KWON	1
				KANG JONG SEONG	1
				HAN YONG NAM	1
				KWON YOUNG GUEN	1
				LEE YANG BEOM	1
				KIM DONG HYUN	1
				HWANG,GWI SEO	1
				LEE,YANG BEOM	1
				ZU HONG MEI	1

续表

发明人	专利数	合作专利数	合作者数量	主要合作者及次数统计	
				合作者	合作次数
PARK, JEONG HILL	6	6	59	MYUNG CHANG SEON	1
				YEO SU JEONG	1
				HWANG GWI SEO	1
				KIM JEONG HUN	1
				KANG,JONG SEONG	1
				KANG,JI YOUN	1
				JEONG,YOUNG HEE	1
				KIM HYUN YOUNG	1
WEI FENG	6	6	11	YUE HONGSHUI	5
				LI DEKUN	5
				HUANG ZHIJUAN	5
				CHEN QINGCHUANG	5
				LUO CHONGNIAN	5
				LUO RUIZHI	1
				ZHANG BOLI	1
				GUO ZHIXIN	1
				YAN XIJUN	1
				YE ZHENGLIANG	1
				ZHU GUOGUANG	1
LUO CHONGNIAN	5	5	5	YUE HONGSHUI	5
				LI DEKUN	5
				HUANG ZHIJUAN	5
				CHEN QINGCHUANG	5
				WEI FENG	5
LI DEKUN	5	5	5	YUE HONGSHUI	5
				HUANG ZHIJUAN	5
				CHEN QINGCHUANG	5
				WEI FENG	5
				LUO CHONGNIAN	5

分析表4-6得出，该领域的技术发明人在技术研发时通常要与他人合作，并且排名前五的闫希军、叶正良、郭治忻、刘岩、吴迺峰都是天津天士力公司的员工，他们的发明均属于职务发明。

4.6 预警分析小结

4.6.1 三七医药专利申请趋势明显下降

2003年三七医药专利申请量开始下降，2005年达到最低线，2006至2008年虽然稍有上升并保持平衡，但与2002年相比，下降趋势仍十分明显；国外主要国家三七医药申请量下降，说明申请人在国外对三七医药研发难以实现或研发方向转向。

4.6.2 三七专利研发开始朝非医药领域发展

以日本和韩国为例，三七医药专利研发开始朝保健品、化妆品、饮料等领域发展，因此，在三七研发的新的领域，近几年可能会引发新一轮的竞争。

4.6.3 个别申请人研发能力较强

以天津天士力公司为典型代表，其是中国所有申请人中，在国外进行专利布局的最大申请人，云南申请人应当借鉴该公司经验，申请更多的国外专利，以提前做好重点产品未到、核心专利先行布局的战略。

第 5 章

云南省三七医药专利预警分析

5.1　云南省三七医药专利整体情况

5.1.1　专利年度申请趋势

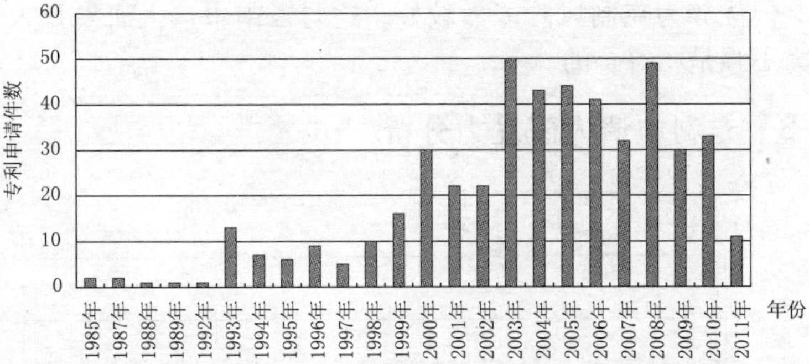

图 5-1　云南省三七医药专利年度申请趋势

分析图 5-1 得出，云南省有关三七的医药专利申请时间最早，1985 年就有 2 件专利申请，1985 年至 1998 年均维持在 10 件以下，该阶段为技术萌芽期，申请人进入意愿较低，竞争较少；1999 年至 2008 年，专利申请量呈波浪式增加，2003 年达到最高峰值 50 件。2009 年以后因部分专利未全部公开，不是真实数据，但可以预料的是，近几年专利申请量将会持续呈上升趋势。

以上说明云南申请人申请专利的积极性不高，近几年对三七在医药领域的技术研发受阻，即三七医药专利技术难以实现，导致部分申请人对三七的研发从医药转向保健品或者健康相关产业。

5.1.2　专利技术构成分析

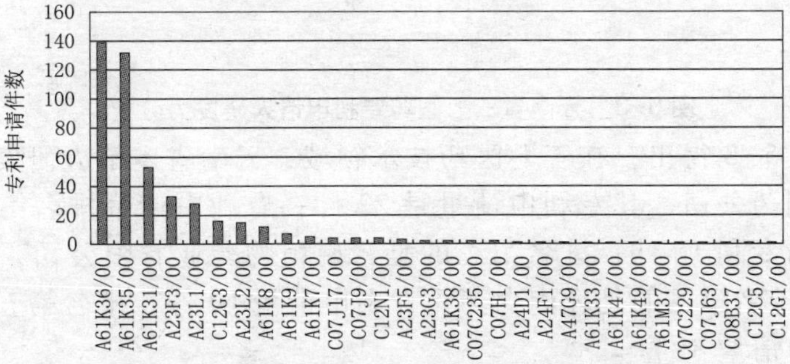

图 5-2　云南省三七医药专利主 IPC 技术构成

分析图 5-2 得出，云南省有关三七的专利申请类别比较分散，其中前三名的申请领域分别为 A61K36、A61K35 和 A61K31，所占比率分别为 29.26%、27.79%和 11.16%。与三七医药专利申请的主要区域北京市和山东省相比，云南省三七医药专利申请比较分散，说明云南省申请人研发方向多元化，没有专注于三七医药某一方面进行深入研究，此种策略的缺点是难以取得重点技术成果，但优势为克制风险能力较好，这与云南申请人研发投入不足，克制风险能力不强是相符合的。

5.1.3 专利申请人研发力分析

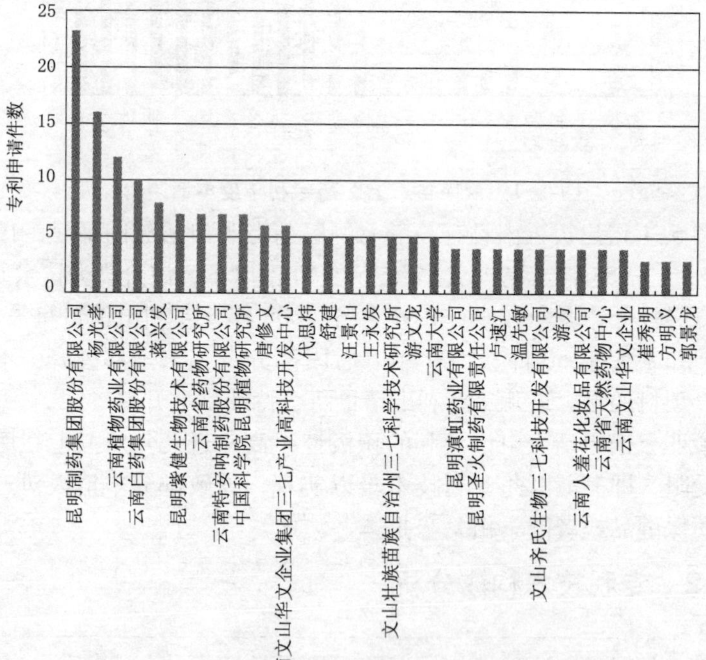

图 5-3 云南省三七医药专利申请人研发力分析

分析图 5-3 得出，在三七医药技术领域，云南省申请人研发能力最强的是昆明制药公司，其专利申请量是 22 件；专利申请量排名第二的是杨光孝，申请专利 16 件；排名第三的是云南植物药业有限公司，专利申请量 12 件；排名第四的是云南白药，专利申请量 10 件，排名第五的是蒋兴发，专利申请量 8 件。

5.1.4　专利申请人年度申请量分析

前 30 名三七医药专利申请人中，排名第一位的昆明制药公司，该公司于 1995 年申请 1 件三七专利，至 2009 年期间仅少部分年份无三七专利申请，说明其持续对三七医药进行研发。

排名第二位的杨光孝，2006 年申请三七医药专利 6 件，2007 年和 2008 年各申请 5 件，说明其尽管进入三七医药领域研发时间较晚，但研发能力较强。

排名第三位的云南植物药业有限公司，2002 年进入三七医药领域，申请专利 1 件，2004 年申请 4 件，2006-2008 年各申请 2 件，说明持续对三七医药进行研发。

排名第四位的云南白药 2004 年进入三七医药领域，当年申请 1 件，但从该公司产品分析，此前利用商业秘密进行保护，之后尽管持续研发，但成果较少，说明技术难以实现或研发转向。

排名第五位的蒋兴发，1999 年进入三七医药领域，并于当年申请 1 件，2000 年申请 5 件，2001 年申请 1 件，但该申请人 2001 年以后未发现有关专利申请，说明其研究方向已转向或停止研发。

5.1.5　专利申请人技术构成分析

申请人昆明制药公司 22 件专利均为 A61K 领域，其主要产品血塞通的市场竞争力比较强，说明其研发以医药为主。

申请人杨光孝专利申请主要为 A23F、A23L 和 A61K，说明其研发关注范围较宽。

申请人云南植物药业有限公司全部专利申请为 A61K 领域，说明其研发关注点主要以医药为主。

申请人云南白药申请类别为 A23L 和 A61K，说明其在关注医药为主的同时，也对三七保健方面有所研发，这与该公司产品基本相符合。

申请人蒋兴发专利申请类别为 A23F、A23L 和 A61K，说明其研发范围较广，对三七在饮料、保健食品等非医药领域有一定的研究。

5.1.6　专利发明人申请量趋势分析

发明人中专利申请量第一位的杨光孝其申请三七医药专利的年份主要在 2006 年、2007 年、2008 年，说明其对三七的研究起步较晚，但三年间持续进行研发。

专利申请量排名第二位的蒋兴友其申请年份在2000年和2001年，其中2000年申请量最多，达到11件，但2001年后就没有相应的专利申请。其原因可能是其已停止对三七医药的研究，或研发方向转向。

专利申请量排名第三位的唐修文其对三七医药专利申请年份跨度较大，2000年、2003年、2008年、2009年都有相关专利申请，说明其从2000年开始一直不断地从事三七医药研究直到现在。

5.1.7 专利发明人技术构成分析

专利申请量排名第一位的杨光孝其专利申请类别在A23F3/00、A61K36/00和A23L1/00，说明其对三七在医药领域及食品、饮料领域都有一定的研究。

专利申请量排名第二位的蒋兴友其专利申请类别在A23F5/00、A23L2/00和A61K35/00，说明其对三七在医药领域及饮料方面有一定的研究。

专利申请量排名第三位的唐修文其专利申请类别在A61K31/00、A61K36/00、C07J63/00和C07J9/00，说明其对三七的研究主要在医药领域及三七的提取物。

5.1.8 专利法律状态分析

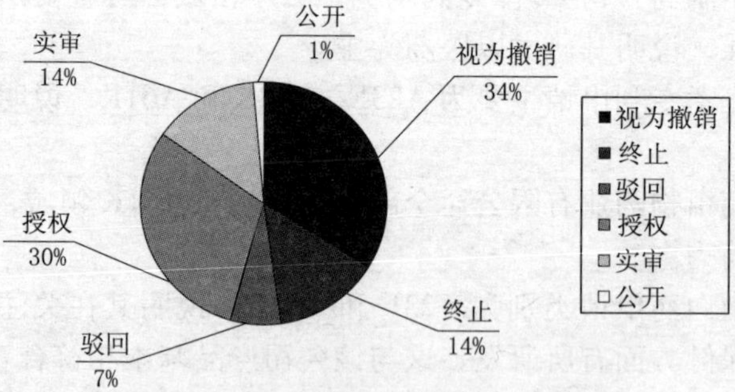

图5-4 云南省三七医药专利法律状态

从图5-4得出，云南省三七医药专利从法律状态分析，“视为撤销”的共有162件专利，占总量的33.75%；“终止”的67件，占总量的13.96%；“驳回”的32件，占总量的6.67%。前述专利均可以视为公知技术，在技术研发过程中对有价值的、视为公知技术的三七医药专利可以借鉴。

云南省三七医药专利授权的145件，占总量的30.21%。由此可见授权的专利不到总量的三分之一。

5.1.9　专利代理机构代理量分析

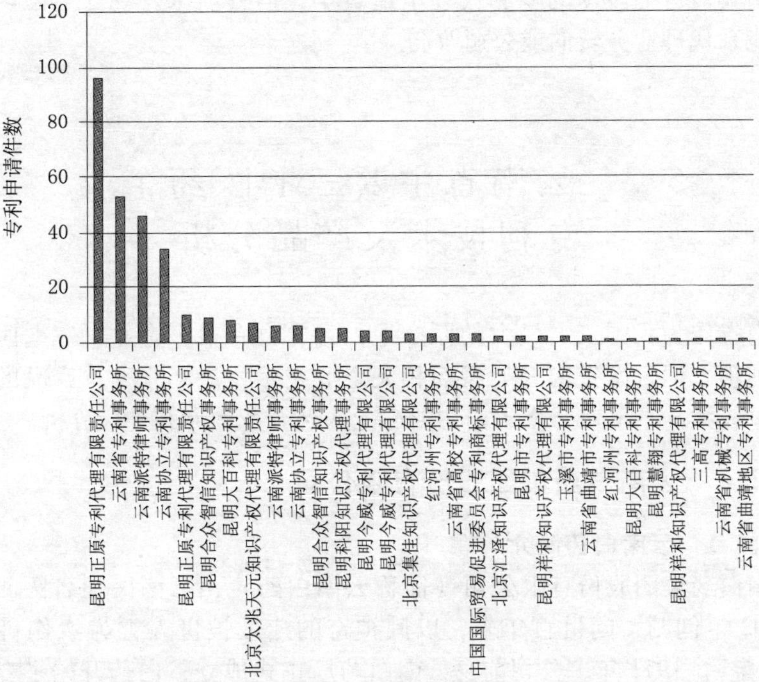

图 5-5　云南省三七医药专利代理机构代理量

从图 5-5 分析得出，为云南省代理申请三七医药专利的代理机构主要分布在云南省和北京市，其中云南省内主要分布在昆明市。专利代理量排名前五的都是云南省的专利代理机构，说明本土的专利代理机构在为当地申请人提供专利代理服务有一定的优势。

专利代理量第一的是昆明正原专利代理有限责任公司，专利代理量 96 件，处于遥遥领先的地位。

专利代理量排名第二的是云南省专利事务所，专利代理量是 53 件，相当于排名第一的专利代理量的二分之一。

5.1.10　专利代理机构年度代理量分析

云南省三七医药技术领域专利代理量最大的是昆明正原专利代理有限责任公司，该公司是从 2000 年开始从事三七医药专利的代理，近几年专利代理量比较大，说明其属于后起之秀。

排名第二的是云南省专利事务所，专利代理量53件，其从1985年开始从事三七医药技术领域的专利代理，但2001年后没有从事该领域的专利代理，说明其对三七技术的专利代理申请较早，但目前未发现三七医药专利业务，可能系代理业务转向或公司改名。

5.2 云南省主要三七医药企业专利技术及产品分析

云南省作为我国三七最大的原产地，省内也有很多企业对三七医药进行研发和利用。但云南省内三七医药相关企业技术发展不平衡，产品的市场竞争力相差较大。下面对云南省内主要三七医药企业的专利进行分析。

5.2.1 云南白药集团股份有限公司

5.2.1.1 云南白药简介

云南白药集团股份有限公司（简称云南白药）由云南民间名医曲焕章先生于1902年创制，问世百年来，以其神奇的疗效被世人誉为“伤科圣药”、“中华瑰宝”。1971年，公司前身云南白药厂正式成立，白药开始了专业化生产。公司于1993年在深交所挂牌上市，成为云南省第一家A股上市公司。云南白药经过30多年的发展，公司已从一个资产不足300万元的生产企业成长为一个总资产76.3亿多，总销售收入逾100亿元（2010年末），经营涉及化学原料药、化学药制剂、中成药、中药材、生物制品、保健食品、化妆品及饮料的研制、生产及销售；糖、茶，建筑材料，装饰材料的批发、零售、代购代销；科技及经济技术咨询服务，医疗器械（二类、医用敷料类、一次性使用医疗卫生用品），日化用品等领域的云南省实力最强、品牌最优的大型医药企业集团。公司产品以云南白药系列和田七系列为主，共十种剂型七十余个产品，主要销往国内、港澳、东南亚等地区，并已进入日本、欧美等国家、地区的市场。“云南白药”商标于2002年2月被国家工商行政管理总局商标局认定为中国驰名商标。

5.2.1.2　云南白药专利年度申请趋势

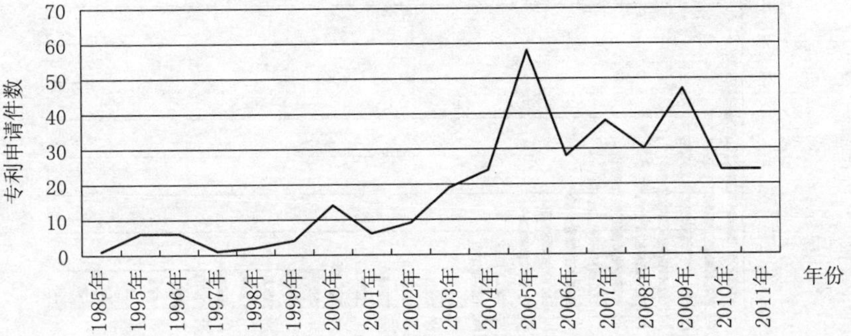

图 5-6　云南白药专利年度申请趋势

从图 5-6 分析得知，云南白药在医药领域研究较早，其在 1985 年已申请 1 件专利，也就是说，医药领域的三七技术专利 1985 年申请的 2 件，其中 1 件就是云南白药申请的。云南白药专利申请量最多的是 2005 年 58 件，近几年专利申请量有所回落，说明云南白药在医药领域的技术研发可能已经遇到瓶颈，技术难以实现。但从市场产品分析得出，该公司对医药研发已转向保健品以及更大的健康领域。

5.2.1.3　云南白药主要技术构成

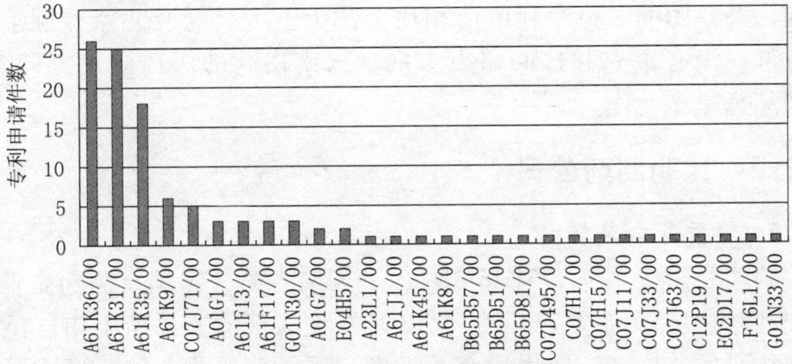

图 5-7　云南白药技术构成

云南白药医药专利申请排名前三的是 A61K36/00、A61K31/00 和 A61K35/00，这些全都属于医药领域，说明医药领域的技术研发仍然是该公司的研发重点。

5.2.1.4　云南白药发明人研发力及合作分析

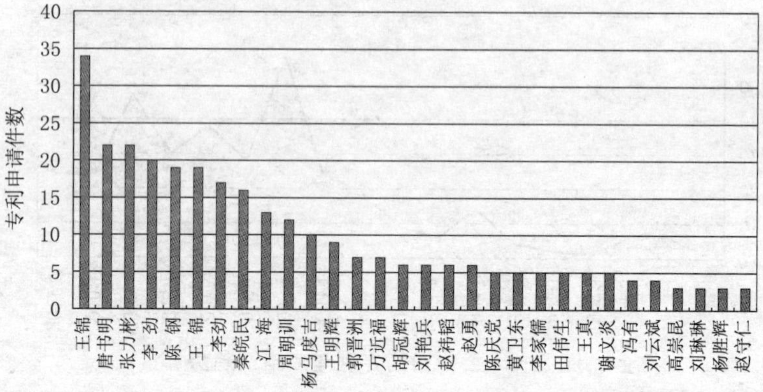

图 5-8　云南白药发明人研发力

如图 5-8 所示，云南白药发明人专利申请量排名第一的是王锦，专利申请量 34 件；排名第二的是唐书明，专利申请量 22 件；排名第三的是张力彬，专利申请量 22 件。云南白药发明人之间合作能力强，合作次数频繁，说明该公司主要以项目组或团队或部门的形式组织研发工作。云南白药主要发明人达 30 余人，王锦、唐书明、张力彬系核心发明人，发明量比较突出。

5.2.1.5　云南白药专利布局分析

云南白药集团的医药专利申请相比天津天士力公司及北京绿源求证公司而言较分散，没有重点和核心研发方向。云南白药的医药研发方向多元化，所以其产品也呈多元化。

5.2.2　昆明制药公司

5.2.2.1　昆明制药简介

昆明制药公司成立于 1951 年 3 月，是云南省第一家国有制药企业。1995 年 12 月改制为股份制企业，2000 年 12 月在上海证券交易所上市。昆明制药公司集药物研发、生产、销售、商业批发和国际营销为一体，形成了以自主天然植物药为主，涵盖中药、化学药和医药流通领域的业务格局；旗下拥有 4 个子公司，分别是：昆明中药厂有限公司、云南金泰得三七产业股份有限公司、西双版纳版纳药业有限责任公司、昆明制药集团医药商业有限公司、1 个合资企业（昆明贝克诺顿制药有限公司），1 个制造中心，1 个药物研究院，1 个博士后工作站。总资产 11.9 亿元，员工 3000 余名，各类专业技术人员占员工总数的 65%。昆明制药公司依托云南丰富的植物资源，走国际化、高新技术产业化道路，是全国独具特色的天然药物研发和生产经营企业，先后开发了蒿甲醚系列、三七系列、天麻素系列及特色中药和特色民族药等 40 多个具有国内外先进水平的天然药物新产品，拥有 16 项国家发明专利。昆明制药复方蒿甲醚的研发、国际化及产业化荣获国家科学技术进步二等奖，冻干粉针技改工程获国家高技术产业化示范工程。

5.2.2.2　昆明制药公司专利年度申请量

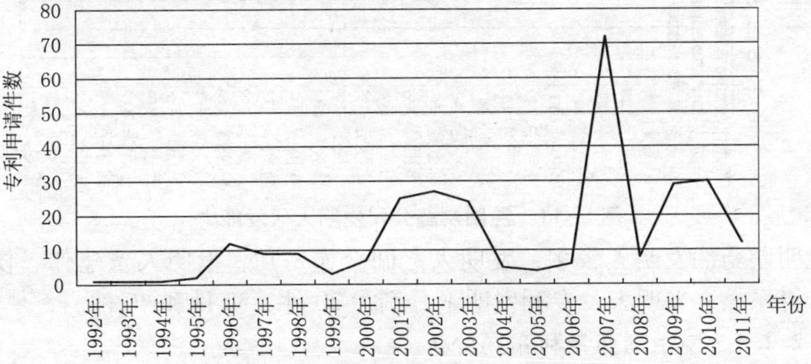

图 5-9　昆明制药公司专利年度申请量

如图 5-9 所示，昆明制药公司专利技术研发 1992 年已有专利申请，2007 年达到顶峰 72 件，近几年医药专利申请量有所回落，说明该公司研发已经转向或遇到技术瓶颈。

5.2.2.3　昆明制药公司主要技术构成

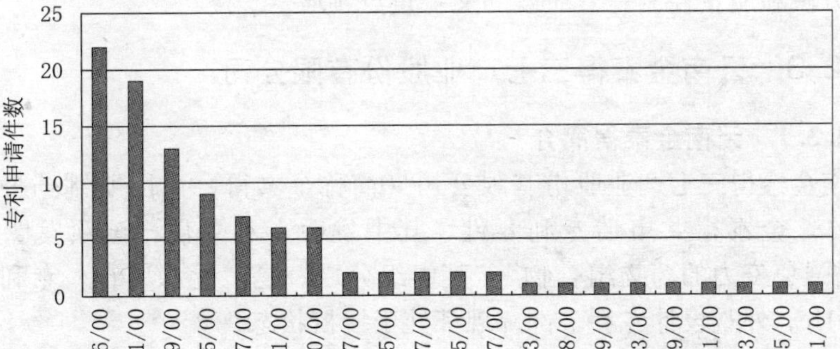

图 5-10　昆明制药公司技术构成

从图 5-10 可知，昆明制药公司的医药专利申请类别相对比较分散，没有哪一类别的专利申请量比重超过 30%。昆明制药的医药专利申请主要在

A61K36、A61K31 和 A61K9，但这些都属于医药领域，由此可见公司主要产品是医药产品。

5.2.2.4 昆明制药发明人研发能力及合作分析

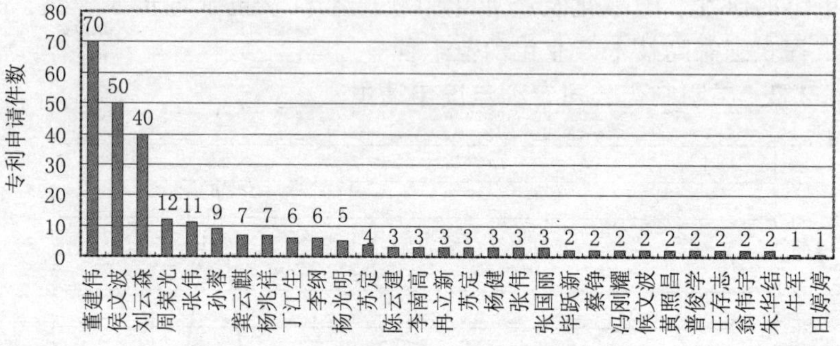

图 5-11 昆明制药公司发明人研发能力

昆明制药的发明人较多，发明人之间合作密切，发明人董建伟、侯文波和刘云森系核心发明人，专利发明量分别为 70 件、50 件和 40 件。

5.2.2.5 昆明制药专利布局分析

从昆明制药的医药专利申请可以分析出公司的研发重点主要分为三个方向：一是以“三七、重量、制剂”为关键词的专利申请，表明对三七制剂的研发是公司研发重点领域之一；二是以“灯盏花、重量、缓释制剂”为关键词的专利申请，说明灯盏花及其剂型的研究是其研发的另一重点；三是以“溶液、质量、薄层”为关键词的专利申请，说明其对三七或灯盏花等化合物的提取方法和质量控制是其研发的又一重点领域。

5.2.3 云南金泰得三七产业股份有限公司

5.2.3.1 云南金泰得简介

云南金泰得三七产业股份有限公司（简称金泰得）由昆明制药公司实施控股合作。金泰得共申请专利 8 件。其中发明专利 1 件，该项发明专利是“一种增强免疫力的药物组合物”，其中组分之一是三七总皂苷，专利申请类别是 A61K。外观设计专利 7 件，现都处于授权状态。

5.2.3.2　金泰得专利年度申请趋势

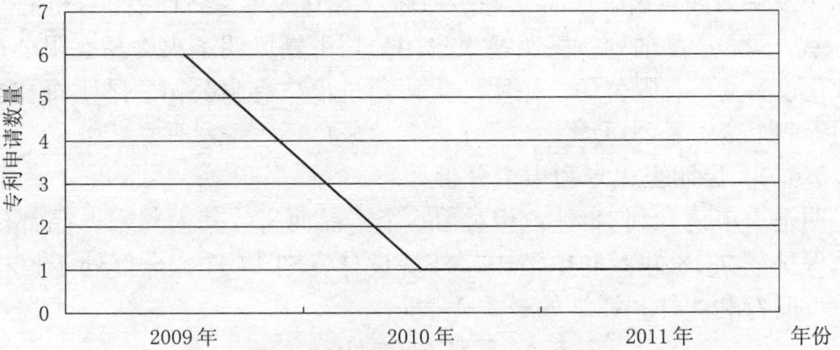

图 5-12　金泰得专利年度申请趋势

如图 5-12 所示，金泰得从 2009 年开始有专利申请，2009 年申请专利 6 件，2010 年申请专利 1 件，2011 年申请专利 1 件。这说明该公司专利申请时间较晚。

5.2.3.3　金泰得专利类型分析

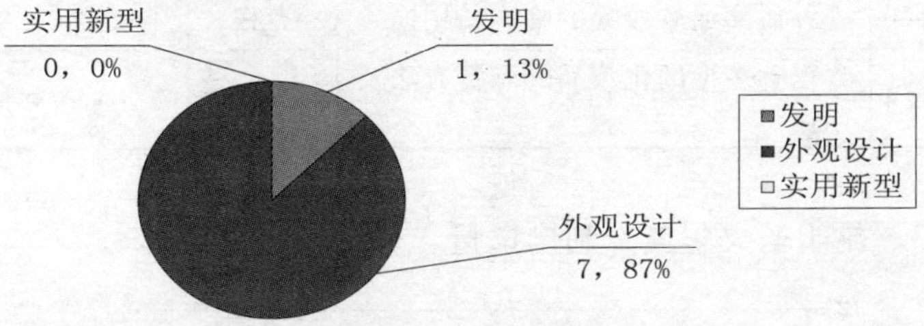

图 5-13　金泰得专利类型分析

如图 5-13 所示，金泰得共申请专利 8 件，其中发明专利只有 1 件，所占比例为 13%；外观设计专利 7 件，所占比例为 88%。说明该公司未掌握核心专利技术，

5.2.4　昆明圣火药业（集团）有限公司

5.2.4.1　昆明圣火药业（集团）有限公司简介

昆明圣火药业（集团）有限公司（简称昆明圣火）是一家在美国全美证券交易所主版上市的国家高新技术产业化示范工程企业。公司致力于云南特产地道名贵药材三七的深加工开发和综合利用，已形成集科研、生产、销售为一体，资产总额达 4 亿元的企业集团。圣火药业现已形成药品、化妆品、保健品三大系列 186 个产品，拥有“理洫王”牌血塞通软胶囊、12 味经典中药系列化妆品

等一批享誉全国的知名产品，其中“理洫王”牌血塞通软胶囊荣获“云南省著名商标”及“云南省名牌产品”等多种称号，2006年单品种销售1.5亿元，市场占有率居同类产品前列。昆明圣火集团公司下辖昆明圣火医药有限公司、昆明圣火化妆品责任有限公司、昆明圣火医药进出口有限公司、昆明石林圣火有限公司等四个全资子公司。❶

5.2.4.2 昆明圣火专利申请分析

昆明圣火申请专利18件，相对186个产品而言，其大多数产品都没有专利技术保护。在18件专利申请中，外观设计专利14件，全部处于授权法律状态；发明专利4件，详细如表5-1表示。

表5-1 昆明圣火专利申请情况

申请号	专利名称	法律状态	是否与三七相关
200710111141.0	含节节草总黄酮的中药制剂在制备治疗肝炎药物中的应用	有权	否
200810233456.7	一种治疗出血病的固体分散药物制备方法	有权	是
200810233716.0	一种血塞通软胶囊的临床新用途	有权	是
200810233772.4	含三七多糖的化妆品的制备方法及用途	无权	是

5.2.4.3 昆明圣火年度专利申请量

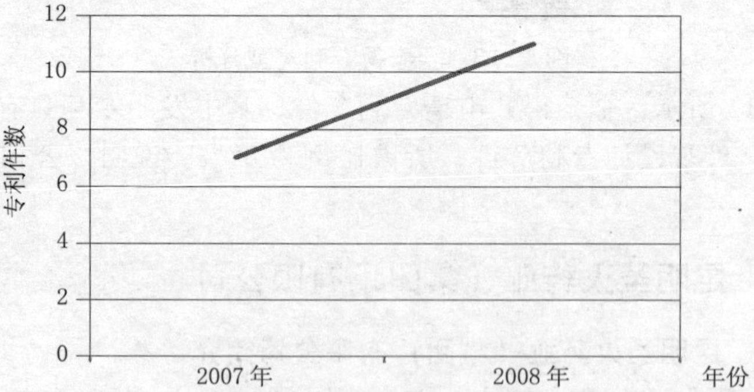

图5-14 昆明圣火年度专利

❶ 本专利分析不包括此四个全资子公司专利情况。

如图 5-14 所示，昆明圣火专利申请集中在 2007 年、2008 年。2007 年申请 7 件，2008 年申请 11 件。这说明该公司专利申请时间较晚。

5.2.4.4　昆明圣火专利类型分析

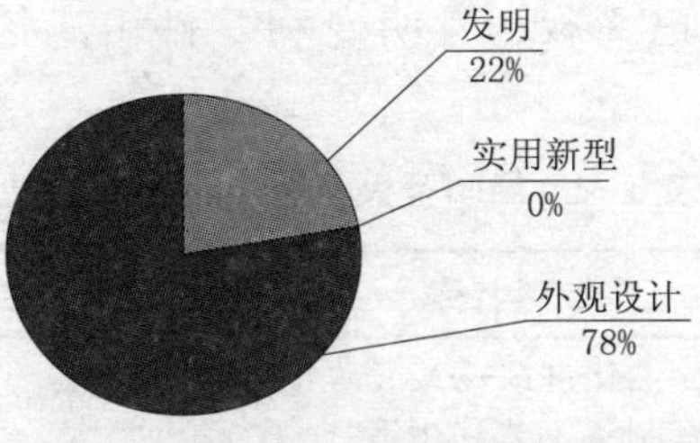

图 5-15　昆明圣火专利类型分析

如图 5-15 所示，昆明圣火专利申请集中在 2007 年、2008 年，共申请 18 件；发明专利申请 4 件，占 22%，其中 3 件发明专利与三七相关。说明该公司专利技术未掌握核心技术，其技术研发能力较弱。

5.2.4.5　昆明圣火主要技术构成分析

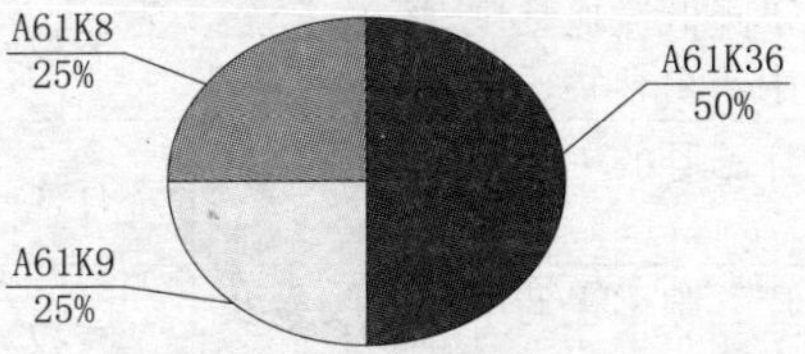

图 5-16　昆明圣火 IPC 技术构成

昆明圣火 4 件专利的 IPC 构成如下：A61K36 专利 2 件，A61K9 专利 1 件，A61K8 专利 1 件。

5.2.4.6　昆明圣火发明人研发能力及合作分析

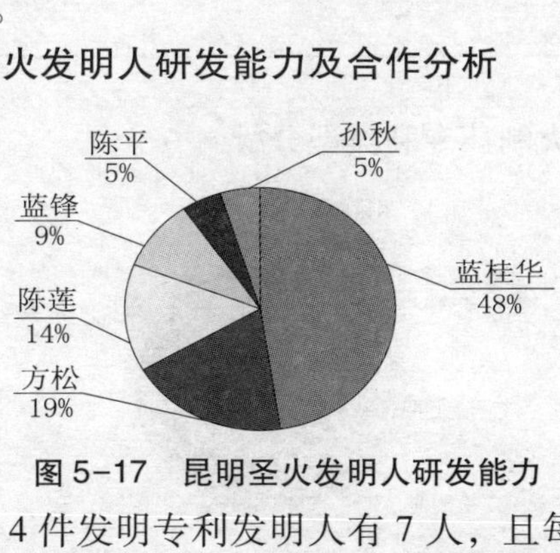

图 5-17　昆明圣火发明人研发能力

如图 5-17 所示，4 件发明专利发明人有 7 人，且每一件专利的发明人中都有该公司的法定代表人蓝桂华。各发明人之间都有合作。

5.2.4.7 昆明圣火制药公司简介及专利申请情况

昆明圣火制药有限责任公司（简称昆明圣火制药）是昆明圣火药业（集团）有限公司的全资子公司，其申请专利 13 件。外观设计专利 4 件，其中 2 件处于有权状态，2 件已无权；发明专利 9 件，其名称和法律状态表 5-2 所示：

表 5-2 昆明圣火制药专利申请情况

申请号	专利名称	法律状态	是否与三七相关
03135759.8	一种治疗消化性溃疡或肠炎的药物组合及其制备工艺和用途	有权	是
200410058051.6	一种治疗出血病的药物组合及其用途	有权	是
200510000063.8	一种黄藤素软胶囊及其制备方法	有权	否,新剂型
200510000061.9	一种左旋氧氟沙星软胶囊及其制备方法	有权	否,新剂型
200510000062.3	一种用于降低全血粘度、溶栓、降脂的复方中药组合物	无权	是
200510064487.0	一种治疗乙肝的中药软胶囊及其制备方法	有权	否
200510064488.5	一种治疗乳腺增生的中药软胶囊及其制备方法	有权	否
200510064486.6	抗菌消炎药黄藤素的合成制备方法	无权	否
03135387.8	十二味经典中药面膜贴及其制备工艺	无权	是

5.2.4.8 昆明圣火制药专利类型分析

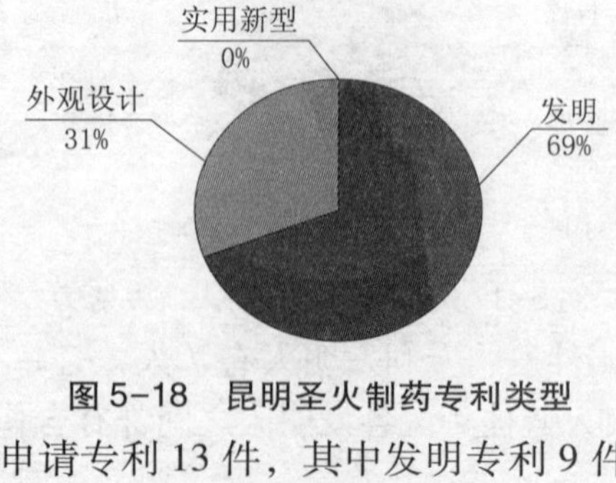

图 5-18 昆明圣火制药专利类型

昆明圣火制药共申请专利 13 件，其中发明专利 9 件，占 69%，外观设计专利3件，占41%。这说明该公司专利研发能力一般，因为外观设计专利占据的比例仍然过大。

5.2.4.9　昆明圣火制药主要技术构成分析

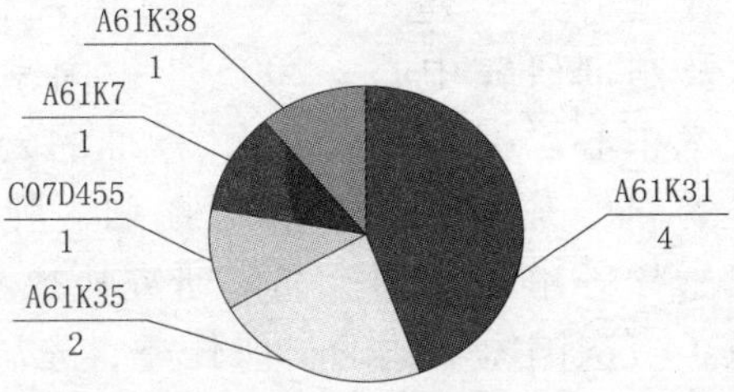

图5-19　昆明圣火制药技术构成

昆明圣火制药申请的专利IPC构成如下：A61K31（组合物）专利4件，A61K35（含有其有不明结构的原材料或其反应产物的医用配制品）专利2件，A61K7专利1件，A61K38专利1件，C07D455（杂环化合物，含有喹嗪环系，例如吐根碱生物碱，原小檗碱；二苯并〔a，g〕喹嗪的亚烃基二氧基衍生物，例如小檗碱）专利1件。

5.2.4.10　昆明圣火制药发明人研发能力及合作分析

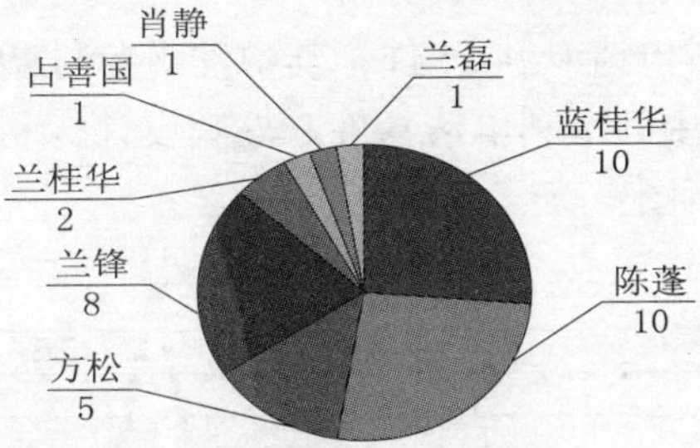

图5-20　昆明圣火制药发明人构成

如图5-20所示，昆明圣火制药发明专利仅有9件，但核心发明人共有4位，分别为陈蓬、蓝桂华、方松和兰铎，且发明人之间合作较多。

5.2.5 云南省药物研究所

5.2.5.1　云南省药物研究所简介

云南省药物研究所始建于1956年，2000年科研院所转制为企业，整体进入云南医药集团。所址占地约36亩，资产上亿元（不包括无形资产），其中GMP车间、GLP实验室等用房约15 000平方米，科研、生产仪器设备共400多台套。集科研、生产、销售为一体。科研部门设置科研管理部、天然药物资源研究中心、新药筛选研究中心、药物安全性评价研究（GLP）中心（2006年3月通过SFDA检查）、药物制剂研究中心，可以满足各类新药的研究开发。建有国家中药现代化产业（云南）基地——中药工程技术及制剂研究中心。2005年被国家发改委等5部委认定为国家认定企业技术中心。拥有符合CMP标准的云南省药研究所制药厂，主要生产肿痛气雾剂、痛舒胶囊、肿痛搽剂、肿痛凝胶、伤愈气雾剂、胆清片、灯盏花素片等市场畅销产品。研究所成立近50年来，独立承担或共同合作完成了多次国家下达的科研任务，先后开发出市场畅销的一批新药如青蒿素、降压灵、灯盏花素、益脉康、三七冠心宁、血塞通、七叶神安片、胆清片、金品系列等30余个。同时，出版并发行了多部专著。整理出版了《滇南本草》，主编出版了《云南中药志》、《云南药用植物名录》、《云南天然药物图鉴》、《云南主要天然药物》等药学书籍和光盘，参与出版了《全国中草药汇编》、《原色中国本草图鉴》、《云南中草药》、《云南抗癌中草药》等。以上研究成果共获得国家和省部级奖励19项。

5.2.5.2 药物研究所专利申请分析

云南省药物研究所申请专利56件，其中发明专利49件，有权专利19件，无权专利24件，审查中的专利申请6件。外观设计专利7件，全部处于有权状态。其专利情况如下图：

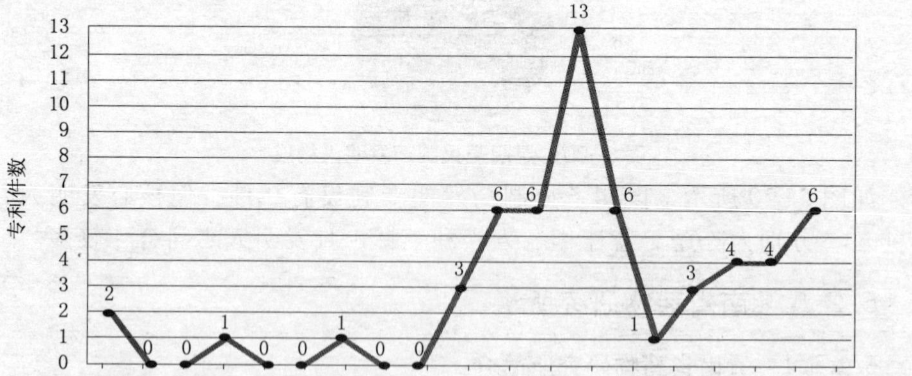

图5-21 药物研究所专利申请总体趋势

如图5-21所示，药物研究所从1993年开始已有专利申请，2005年达到顶峰 13 件，之后专利申请量下降，但近几年的专利申请量又有所回升。这说明其一直持续不断地进行技术研究和专利申请，且有一定的研究成果，近几年在技术上又有新的突破。

5.2.5.3　药物研究所专利类型分析

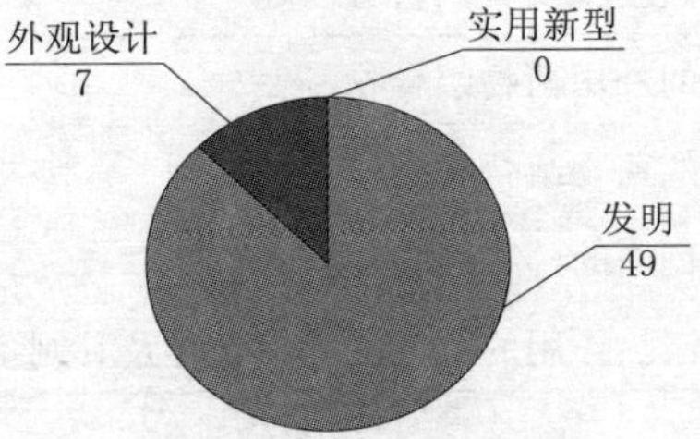

图 5-22　药物研究所专利类型

如图 5-22 所示，药物研究所共申请专利 56 件，其中发明专利 49 件，所占比例为 88%，外观设计专利 7 件，所占比例为 13%。这说明该公司研究能力较强，掌握一定的核心技术

5.2.5.4　药物研究所专利法律状态分析

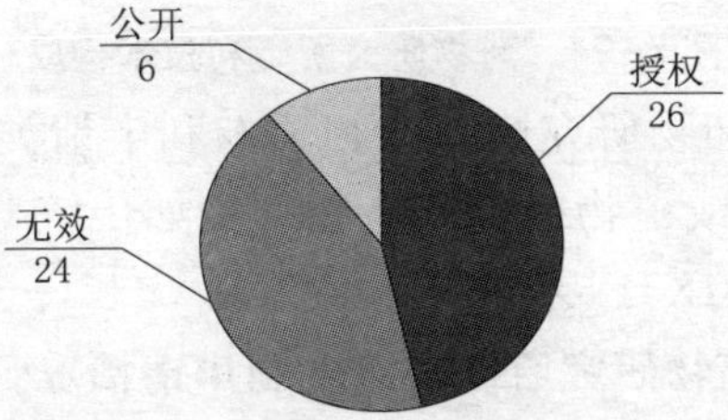

图 5-23　药物研究所专利法律状态

如图 5-23 所示，授权专利 26 件，所占比例为 46%，无效专利为 24 件，所占比例为 43%。说明该研究所研发能力较强，且研发能力一直处于不断成长中，专利申请意识及申请能力都较强，获权专利比例较高，而且，近几年新申请了较多专利。

5.2.5.5　药物研究所专利布局分析

药物研究所的专利申请比较分散，但以“药物、痛风、药剂”为关键词的专利比较多，所占比例为 46%。说明该单位优势技术明显，但技术目前还没有进行布局，需要对优势专利尽快进行专利布局和申请外围专利。

5.2.5.6　药物研究所三七相关专利申请情况

药物研究所与三七相关的全是发明专利，共 6 件，有权专利 4 件，无权专利 2 件。4 件有权专利如下：

表 5-3　药物研究所专利申请情况

申请号	专利名称	法律状态
200310116235.9	一种心脑血管疾病治疗药物及制备方法	有权
200510010895.8	三七叶苷软胶囊及其制备方法	无权
200510010901.X	治疗肿痛的外用药物组合物	有权
200510010899.6	治疗肿痛的药物组合物	有权
200510010898.1	治疗外伤创面的药物组合物	有权
200910094939.8	一种具有清热作用的田七花叶口含片及其制备方法	无权

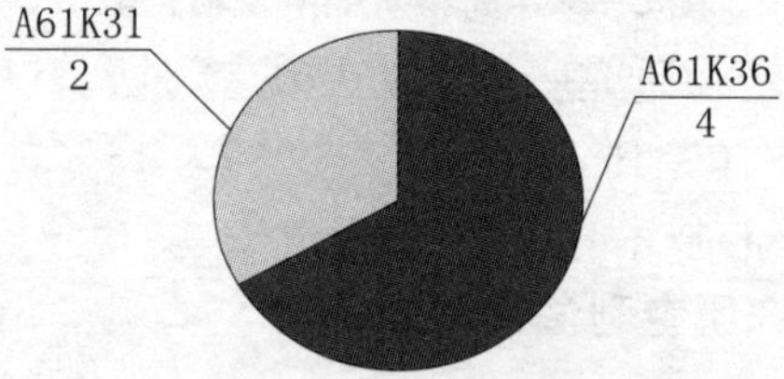

图 5-24　药物研究所专利技术构成

如图 5-24 所示，药物研究所三七相关专利申请类别为：A61K36（含有来自藻类、苔藓、真菌或植物或其派生物，例如传统草药的未确定结构的药物制剂）专利 4 件，A61K31 专利 2 件。

5.2.5.7　云南省药物研究所制药厂专利申请情况

云南省药物研究所制药厂（简称研究所制药厂）是云南省药物研究所下属的一家全资子企业，是由上海医药设计院规划、设计并于 2004 年 4 月通过国家 GMP 认证的现代化高科技新兴制药企业，设计产值 3 亿元人民币。

研究所制药厂申请专利 6 件。其中发明专利 3 件，2 件已无权，1 件处于审查中。外观设计 3 件，均处于有权中。3 件发明专利情况如下：

表 5-4　研究所制药厂专利申请情况

申请号	专利名称	法律状态	是否与三七相关
96108610.6	美容健肤、舒筋活络、杀菌泡浴剂	无权	否
200910094939.8	一种具有清热作用的田七花叶口含片及其制备方法	无权	是

续表

申请号	专利名称	法律状态	是否与三七相关
201010274281.1	具有黄金色的虫草酒及其制备方法	审查中	否

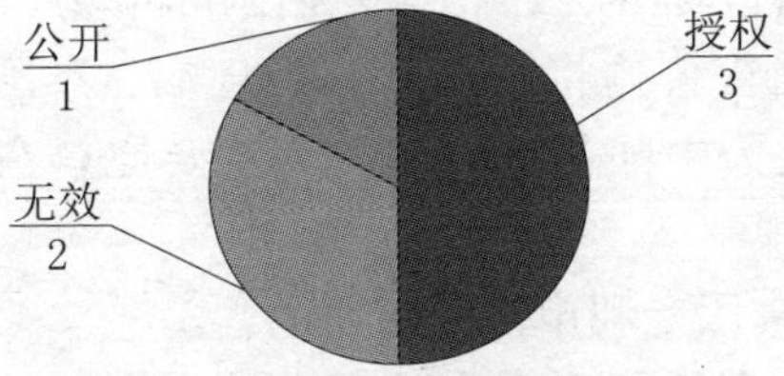

图 5-25　研究所制药厂专利法律状态

5.2.6　云南金不换（集团）有限公司

5.2.6.1　云南金不换药业有限公司简介

云南金不换药业有限公司系云南金不换（集团）有限公司下属制药厂，2003 年 8 月改制后，由香港大光集团收购独资经营的企业，公司是集研发、生产、销售为一体的新兴技术港商独资企业。公司座落于中国三七之乡——云南文山，具有良好的产品地源优势，自改制以来，投资 3200 多万元对企业进行 GMP 改造，其中，厂房占地面积 115 亩，拥有片剂、胶囊剂、散剂、颗粒剂、合剂、滴丸剂、原料药等七条现代化的 GMP 生产线，现有国药准字号药品批文 32 个，保健品、食品批文 9 个。公司已具有相当知名度的四类新药“血塞通滴丸”品牌的市场份额不断增长，公司不断开拓国内、香港地区和东南亚市场，在全国 32 个省级行政区建立了固定的销售网络，销售业绩稳步上升。“三七胶囊”、“三七冠心宁胶囊”、“三七冠心宁合剂”、“七叶神安片”等系列产品在国内有良好的销售市场，拥有广阔的发展前景，公司目前年销售额近亿元。

经检索，发现该公司无三七专利申请。

经检索，香港大光集团也无三七专利申请。

5.2.6.2　云南金不换（集团）有限公司简介

云南金不换（集团）有限公司（简称金不换集团），系香港大光集团全资收购的外商独资企业，金不换集团自 20 世纪 60 年代创立以来，至今已有 40 多年的历史。金不换集团兴建了 2 万亩 GAP 规范三七种植基地，逐步形成了一个以三七系列药品、保健品和功能性食品的生产、研发、销售为主的科、工、贸一体的专业产业化集团公司。下属企业有金不换药业公司、保健品公司、医药销售公司和三七生物资源开发公司等十余家分支机构。

金不换集团目前已通过片剂、口服液、滴丸、散剂、胶囊、原料药和颗粒制剂等多种剂型的国家（GMP）认证。集团拥有国际先进的生产线和设备，产品的销售除覆盖国内市场外，还积极开拓国际市场。2004 年公司在香港地区、泰国成立专门的销售公司将产品远销到日本、泰国、港台地区等东南亚地区及欧美国家，并成为中国首家以三七为主要原料在国外成功地上市的中药产品。

5.2.6.3 金不换集团专利申请分析

金不换集团申请专利 5 件，其中外观设计专利 3 件，均为有权专利；发明专利 2 件，一件为无权专利，一件处于专利审查中。如下：

表 5-5 金不换集团专利申请情况

申请号	专利名称	法律状态	是否与三七相关
200310121901.8	三七皂苷滴丸	无权	是
200810233486.8	三七叶苷胶囊及其制剂	审查中	是
200530020676.9	药瓶	有权	是
200530020674.X	包装盒(血塞通滴丸)	有权	是
200530020675.4	标贴(血塞通滴丸)	有权	是

5.2.6.3 金不换集团专利类型分析

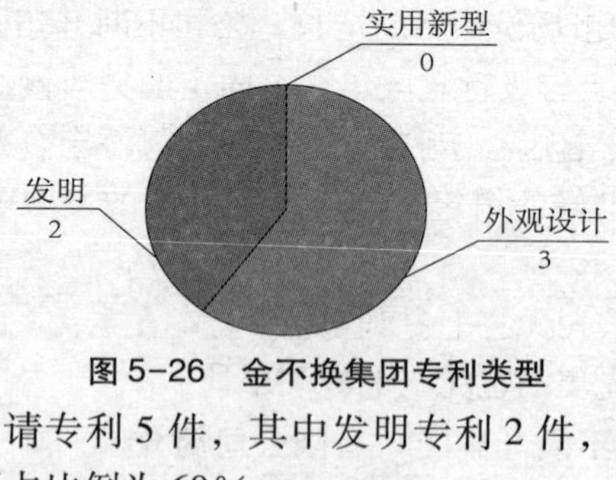

图 5-26 金不换集团专利类型

金不换集团共申请专利 5 件，其中发明专利 2 件，所占比例为 40%，外观设计专利 3 件，所占比例为 60%。

5.2.7　云南特安呐制药（集团）股份有限公司

5.2.7.1　云南特安呐制药（集团）股份有限公司简介

云南特安呐制药（集团）股份有限公司公司（简称特安呐）成立于 2000 年 11 月，位于文山州府所在地文山县城，现由云南特安呐制药股份有限责任公司、云南新云三七产业有限责任公司、文山万康三七食品有限责任公司、文山州三七科学技术研究所控股，是文山三七产业的龙头企业之一。特安呐立足于文山，营建广大的无公害三七种植基地。公司现已经研制开发出了药品、普通食品、功能性保健食品共六十多个品种的三七系列产品。

5.2.7.2　特安呐专利申请分析

特安呐申请专利 7 件。7 件专利全是发明专利其中有 2 件有权，5 件无权。具体情形如下：

表 5-6　特安呐专利申请情况

申请号	专利名称	法律状态	是否与三七相关
200810058618.8	三七花真空冷冻干燥工艺	有权	是
200810058638.5	三七茎、叶真空冷冻干燥工艺	无权	是
200810058639.X	三七绒根真空冷冻干燥工艺	无权	是
200810058798.X	三七中药材微波干燥灭菌方法	无权	是
200910094755.1	活性三七制作方法	无权	是
200910094756.6	活性三七颗粒制作方法	无权	是
200910094757.0	活性三七切片制作方法	有权	是

5.2.7.3　特安呐专利法律状态分析

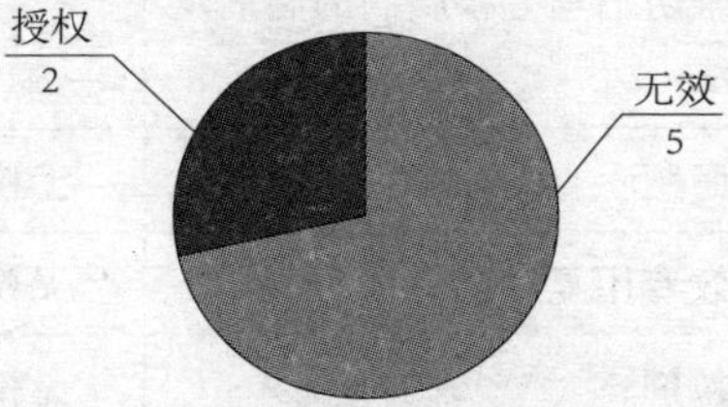

图 5-27　特安呐专利法律状态分析

如图 5-27 所示，特安呐申请专利 7 件，其中无效专利 5 件，授权专利 2

件，说明该公司专利技术研发能力较弱。

5.2.8 文山壮族苗族自治州三七科学技术研究所

5.2.8.1 文山壮族苗族自治州三七科学技术研究所简介

1985年3月7日成立的文山壮族苗族自治州三七科学技术研究所（简称三七研究所），2008年9月18日更名为文山三七研究院。现有在职工作人员32人，其中专业技术人员28人。其职责是开展三七规范栽培技术研究、良种选育、病虫害防治；活性成分分离与质量控制、加工与炮制工艺研究；新产品开发；科技信息收集、加工、传递；三七文化的发掘、宣传、利用研究；三七及相关产业政策及发展战略研究。

5.2.8.2 三七研究所专利申请情况

三七研究所申请专利16件，全部是发明专利，其中3件为有权专利，4件处于审查流程中，9件为无权专利，具体情况如下：

表5-7 三七研究所专利申请情况

申请号	专利名称	法律状态	是否与三七相关
95115143.6	三七专用遮阳网	无权	是
200810058145.1	三七标准提取物 P_{1237},其药物组合物,其制备方法和其用途	无权	是
200410040507.6	治疗肝病的药物	无权	是
200510010677.4	一种防治三七根腐病的制剂及使用方法	无权	是
200610010742.8	一种防治三七根腐病的新制剂及使用方法	有权	是
200610010741.3	一种用来防治三七根腐病的制剂及使用方法	有权	是
200610010762.5	三七叶面肥	无权	是
200610010763.X	三七高效专用复合肥	无权	是
02142388.1	三七颗粒剂	无权	是
02128390.7	三七 GAP 栽培方法	无权	是

续表

申请号	专利名称	法律状态	是否与三七相关
02145620. 8	三七 HPLC 指纹图谱鉴定方法	无权	是
200710066114. 6	一种改善睡眠的保健食品胶囊制剂	无权	是
200810058429. 0	一种防治三七根腐病的土壤消毒剂及使用方法	审查中	是
200810058435. 6	三七土壤处理剂及其使用方法	审查中	是
200810058436. 0	三七连作土壤处理剂及其使用方法	审查中	是
200910094162. 5	一种用来防治三七根腐病的土壤消毒剂及使用方法	审查中	是

5. 2. 8. 3　三七研究所专利法律状态分析

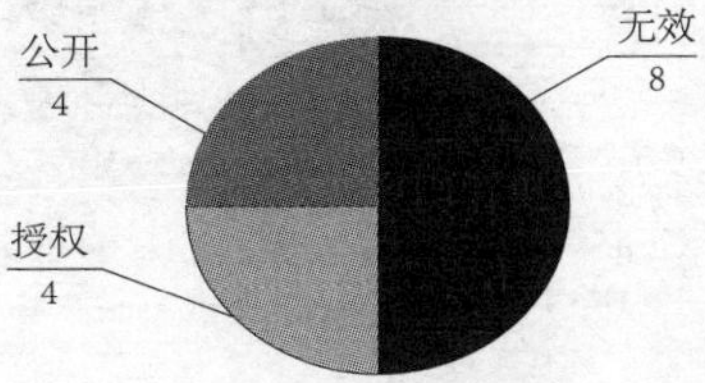

图 5-28　三七研究所专利法律状态

如图 5-28 所示，三七研究所共申请专利 16 件，其中无效专利 8 件，所占比例为 50%，授权专利 4 件，所占比例为 25%，说明其专利研发能力较弱。

5. 2. 8. 4　三七研究所主要技术构成分析

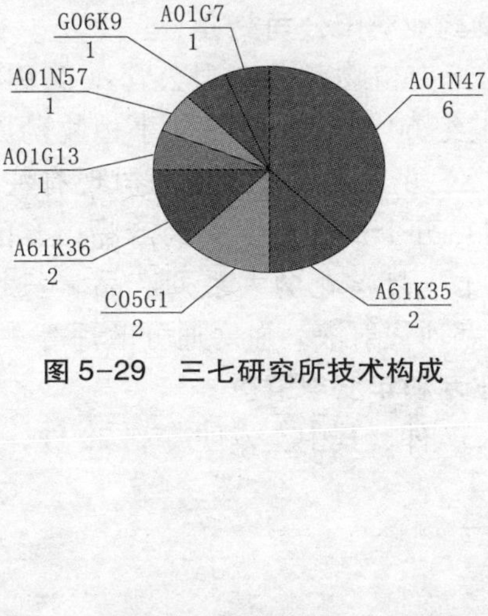

图 5-29　三七研究所技术构成

如图 5-29 所示，三七研究所申请的专利 IPC 构成中，排名第一的是 A01N47（含有不属于环原子并且不键合到碳或氢原子的碳原子，有机化合物的杀生剂、害虫驱避剂或引诱剂，或植物生长调节剂，例如碳酸的衍生物），共有 6 件专利；排名第二的是 A61K35，共 2 件专利；排名第三的是 C05G1，共有 2 件专利。由此可见三七研究所在三七栽培方面有深入的研究，并有一定的专利成果产生。

5.2.8.5 三七研究所发明人研发能力及合作人分析

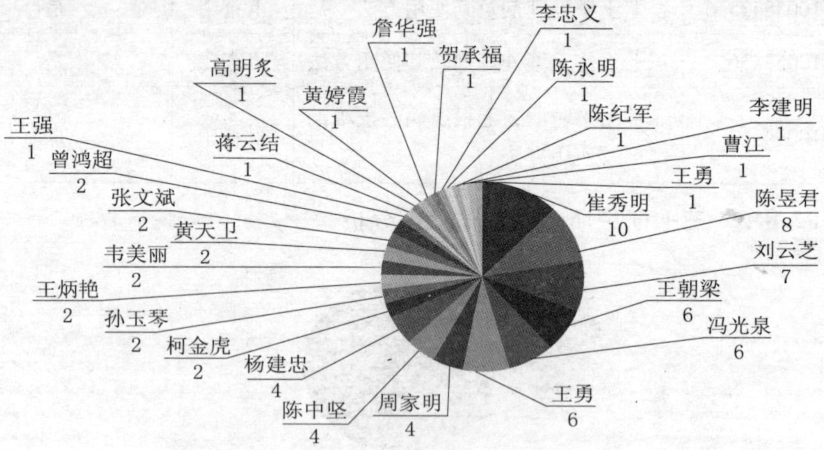

图 5-30 三七研究所发明人构成

如图 5-30 所示，三七研究所专利申请 16 件，发明人数量非常多，但核心发明人数量较少，发明人之间合作频繁。

5.2.9 云南植物药业有限公司

5.2.9.1 云南植物药业有限公司简介

1998 年 9 月成立的云南植物药业有限公司（简称植物药业），前身是云南植物药厂，早在 20 世纪 60 年代就开始从事植物药原料的研究和生产，为云南医药工业股份有限公司全资子公司。公司现有注射剂、胶囊剂、片剂、颗粒剂、溶液剂（外用）五个剂型和原料药产品，有国药准字批准文号的产品 121 个。主要生产三七、灯盏花两大系列产品。三七系列产品有云南红药胶囊、三七总皂苷、血塞通注射液、血塞通分散片等。

5.2.9.2 植物药业专利年度申请量

植物药业申请专利 37 件，其中，发明专利 28 件，外观设计专利 9 件。

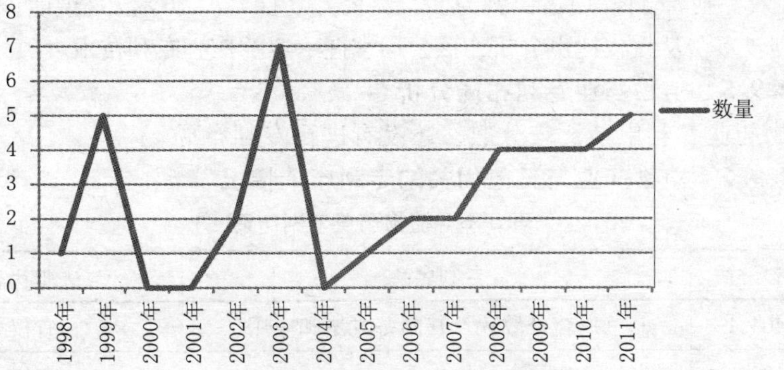

图 5-31　植物药业专利总体趋势

如图 5-31 所示，植物药业三七相关专利从 1998 年已有专利申请，1998 年至 2004 年间专利申请量起伏波动较大。2004 年至今专利申请量不断增长。这说明 1998 年至 2004 年技术研发处于摸索阶段，研发成果不稳定；2004 年后可能公司重新确定研发目标和研发方向，使其研发成果稳步增长。

5.2.9.3　植物药业专利类型分析

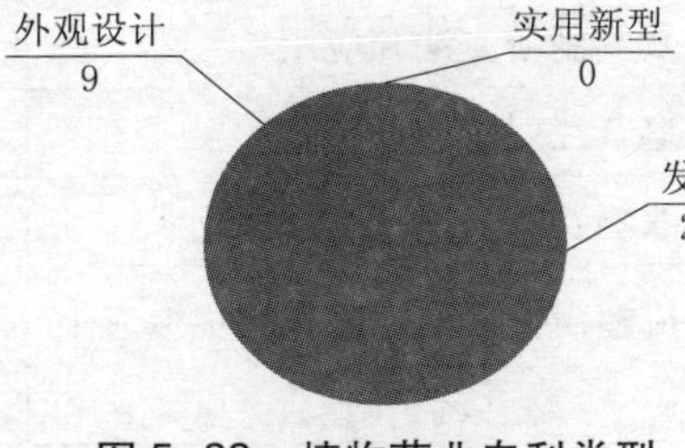

图 5-32　植物药业专利类型

如图 5-32 所示，植物药业共申请专利 37 件，其中发明专利 28 件，所占比例为 76%；外观设计专利 9 件，所占比例为 24%。这说明该公司的技术研发能力较强，发明专利占专利总量比例较大。

5.2.9.4　植物药业法律状态分析

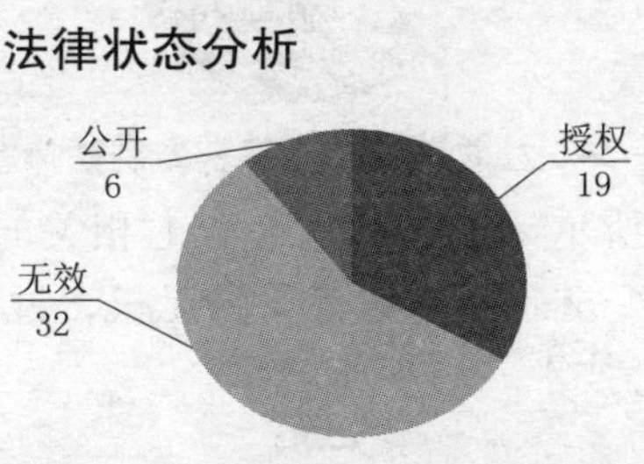

图 5-33　植物药业专利法律状态

如图 5-33 所示，植物药业共申请专利 37 件，其中授权 19 件，所占比例为

51%；无效专利32件，所占比例为32%；公开6件，占16%。这说明该公司新申请的专利较多，从授权比例分析，该公司掌握一定的核心专利技术。

5.2.9.5 植物药业专利布局分析

植物药业专利申请比较分散，还没有进行专利布局。

5.2.9.6 植物药业与三七相关的专利申请情况

表5-8 植物药业专利申请

申请号	专利名称	法律状态
02133464.1	三七总皂苷分散片及其制备方法和应用	有权
200610010853.9	云南红药片的质量控制方法	有权
200610048618.0	三七总皂苷前体脂质体及其制备方法	有权
200710065919.9	三七伤药提取物及其制备方法和应用	无权
200710065967.8	三七总皂苷制备中的吸附澄清方法	无权
201110197140.9	一种具有改善睡眠功能的保健食品	审查中
03135782.2	三七总皂苷脂质体及其制剂	有权
03117723.9	云南红药片及其制备方法和应用	有权
200310104043.6	一种三七总皂苷注射液的制备方法	无权
200810058426.7	云南红药提取物及其提取方法和应用	审查中
201110039788.3	一种连续逆流超声提取结合膜技术提取三七总皂苷的方法	有权

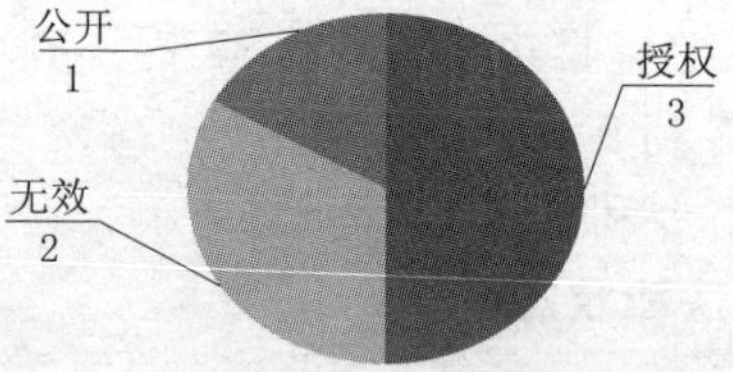

图5-34 植物药业三七医药专利法律状态

如表5-8、图5-34所示，植物药业与三七相关的专利11件，11件专利全是发明专利。6件有权，2件审查中，3件无权，说明该公司在三七专利技术方面掌握了一定的核心技术。

5.2.9.7 植物药业与三七相关专利主要技术构成

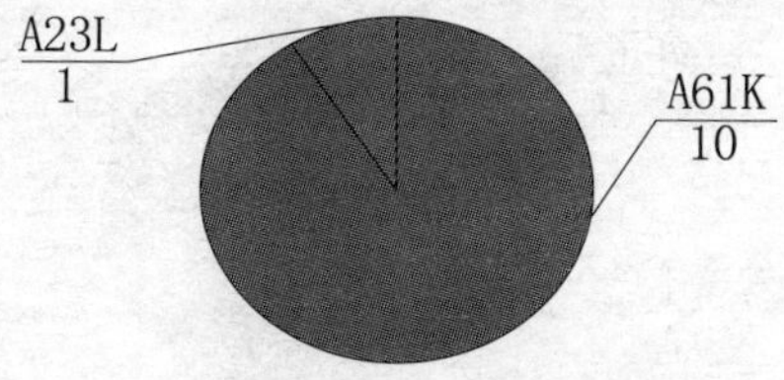

图5-35 植物药业技术构成

如图5-35所示，植物药业与三七相关专利共11件，其中10件在A61K领域，A23L领域专利1件。这说明该公司三七相关专利的主要研发方向是医药领域。

5.2.9.8 植物药业与三七相关专利发明人研发能力及合作分析

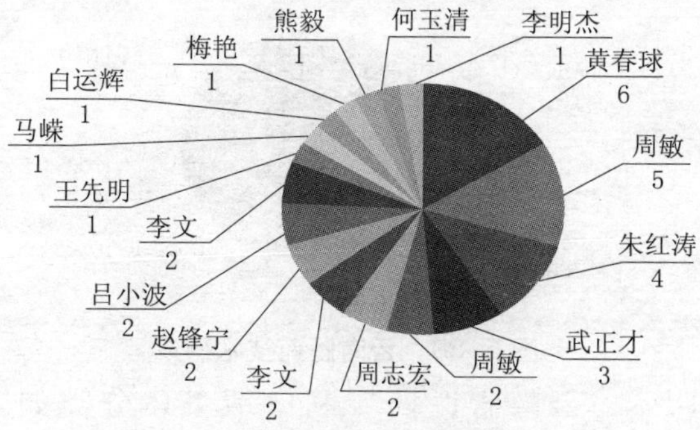

图5-36 植物药业专利发明人构成

如图5-36所示，植物药业申请的三七相关专利共11件，这些专利的发明人共17人，其中黄春球、周敏、朱红涛系核心发明人，申请量分别为6件、5件、4件。这说明该公司发明人之间合作比较密切。

5.2.10 云南医药工业股份有限公司

5.2.10.1 云南医药工业股份有限公司简介

云南医药工业股份有限公司（简称云南医药）是集科、工、贸于一体的股份制医药企业，前身为云南省医药医疗器械工业公司，为云南省最大的医药商业批发企业之一，旗下有两家全资子公司：云南植物药业股份有限公司和昆明振华制药有限公司；及一家参股公司：昆明积大制药有限公司。云南医药主要经营范围：医用原料、制药设备、医疗器械、中西药品。2011年发生股权变更，由原先的南天集团变更为云南省工投集团直接控股。

5.2.10.2 云南医药申请专利分析

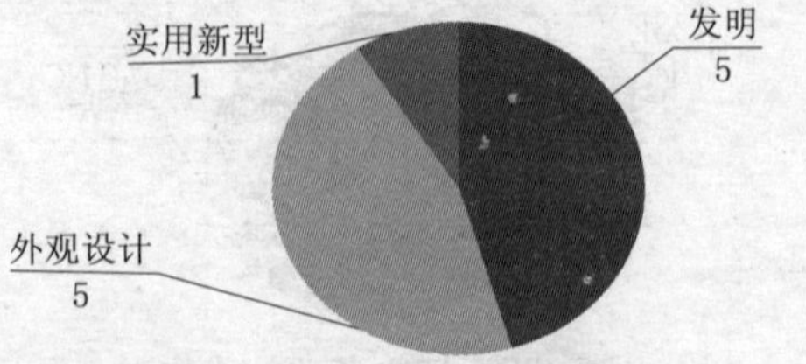

图 5-37 云南医药专利类型分析

如图 5-37 所示，云南医药共申请专利 11 件，其中发明 5 件，4 件有权，1 件无权，5 件发明专利都与三七无关；实用新型专利 1 件；外观 5 件，全部无权。

5.2.10.3 云南医药技术构成分析

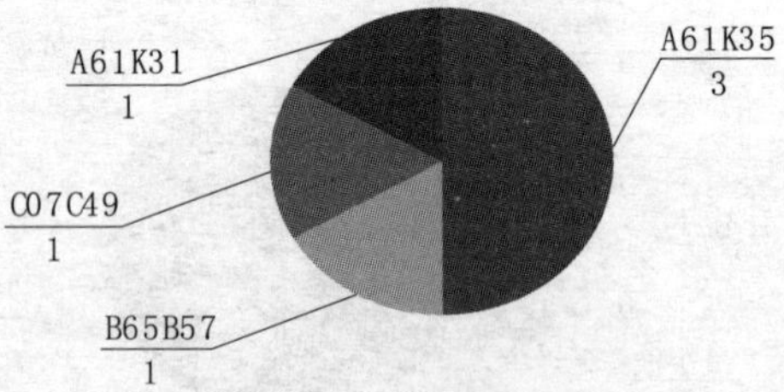

图 5-38 云南医药技术构成

如图 5-38 所示，云南省医药专利申请 IPC 分类如下：在专利分类 A61K35 中有专利 3 件，在专利分类 A61K31 中有专利 1 件，在专利分类 B65B57 有专利 1 件，在专利分类 C07C49 有专利 1 件。这说明该公司以医药为主要领域。

5.2.11 云南维和药业股份有限公司

5.2.11.1 云南维和药业股份有限公司简介

云南维和药业股份有限公司（简称维和药业）依托云南丰富的中药与民族药资源，致力于生物制药健康产品的研究与开发，在名贵药材三七的研究、开发和规模化生产的技术上达到国内领先水平。目前，已建成两个通过国家 GMP 生产认证的“血塞通生产基地”，共占地 96 亩。拥有 75 个国药准字号药品，设有片剂、酊剂、散剂、颗粒剂、硬胶囊剂、原料药生产线。智能化 NG-21 植物提取共性生产平台，采用了自主知识产权提取技术的植物成分提取分离工艺，提升了产能，并保证了产品有效性。

5.2.11.2　维和药业专利申请情况

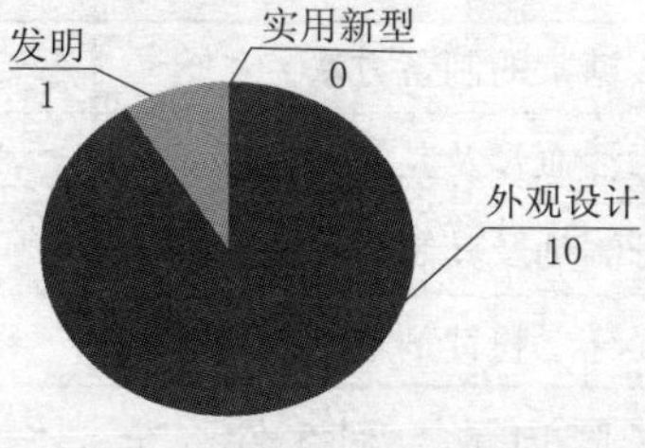

图 5-39　维和药业专利类型分析

如图 5-39 所示，维和药业共申请专利 11 件，其中发明专利 1 件，正处于审查中，与三七无关联，专利申请在 A61K36 领域；外观设计专利 10 件，全部处于有权状态，外观设计所占比例为 91%。

5.2.12　云南省玉溪望子隆生物制药有限公司

5.2.12.1　云南省玉溪望子隆生物制药有限公司简介

云南省玉溪望子隆生物制药有限公司（简称望子隆）是 2002 年 3 月 27 日兼并昆明望子隆制药有限公司后，经云南省食品药品监督管理局批准搬迁到玉溪高新技术开发区成立的生物制药企业。2004 年 8 月、11 月公司又先后出资 3100 万元兼并了云南七王制药有限公司和玉溪药业有限公司，经过以上三个企业的有效资源整合，目前公司拥有注射剂、片剂、胶囊剂、颗粒剂、丸剂、软膏剂、干混悬剂、药用、医用乙醇、原料药等国药准字中西药的批准文号 84 个（其中三七脂肪丸、七味解毒活血膏等 4 个品种为全国独家品种）。2012 年 1 月 16 日，昆明滇虹药业与玉溪望子隆双方签订股权转让协议，昆明滇虹药业收购玉溪望子隆 65%的股份，原云南省玉溪望子隆生物制药有限公司更名为滇虹药业集团玉溪生物制药有限公司，成为滇虹药业控股子公司。

5.2.12.2　望子隆专利申请分析

表 5-9　望子隆专利申请情况

申请号	专利名称	法律状态	是否与三七相关
200510019121.1	灵丹草含片及其制备方法和灵丹草含片的质量控制方法	有权	无

续表

申请号	专利名称	法律状态	是否与三七相关
200510011079.9	消炎止咳糖浆的制备方法	无权	无
200510011081.6	七味解毒活血膏及其制备方法	无权	无
200510011080.1	三七脂肝制剂及其制备方法	有权	有
200610010967.3	多西他赛冻干粉针剂及其制备方法	无权	无

如表5-9所示，望子隆申请专利5件，全是发明专利，2件有权，3件无权。

5.2.12.3　望子隆专利法律状态分析

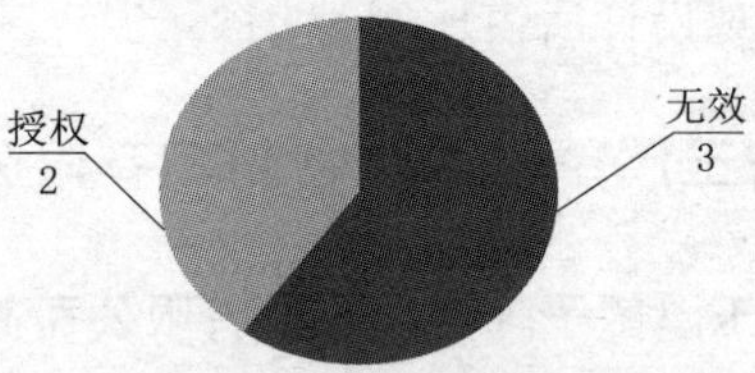

图5-40　望子隆专利法律状态

如图5-40所示，望子隆共申请专利5件，其中授权2件，所占比例为40%；无效专利3件，所占比例为60%。

5.2.12.4　望子隆主要技术构成分析

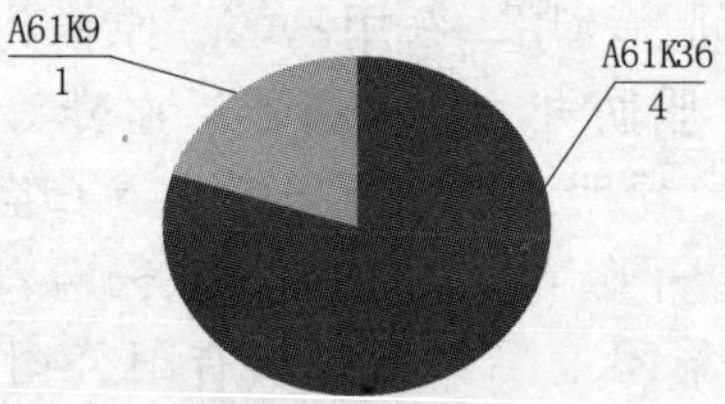

图5-41　望子隆技术构成

如图5-41所示，望子隆专利申请全在A61K领域，属于医药行业。其中A61K36领域4件，A61K9领域1件。

5.2.12.5　望子隆发明人研发能力及合作分析

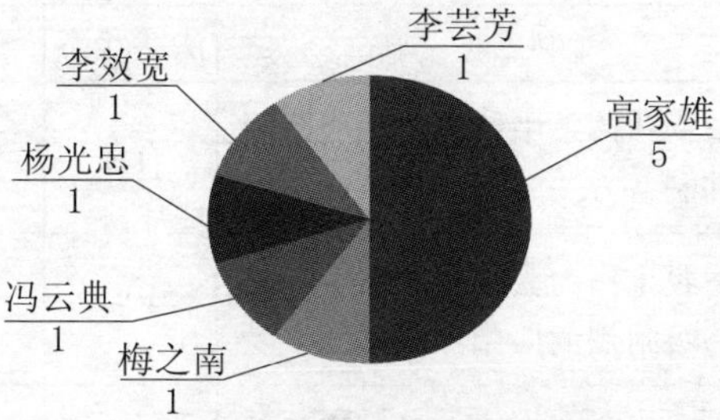

图 5-42　望子隆发明人构成

如图 5-42 所示，该公司核心发明人高家雄，占专利申请量的一半，其他发明人申请量较少。

望子隆共申请 5 件专利，其中 5 件发明中均有法人高家雄作为发明人。

5.2.13　云南玉溪万方天然药物有限公司

5.2.13.1　云南玉溪万方天然药物有限公司简介

云南玉溪万方天然药物有限公司（简称玉溪万方）是一家以原料药生产为主的、集科研、种植、生产、外贸为一体的大型制药企业，公司占地面积 10 万平方米，总资产 1.2 亿元人民币。2001 年玉溪万方收购了原昆明滇池制药厂，成立了云南滇池制药有限公司。自此，玉溪万方完成了从种植、提取、到制剂的天然产物产业链的布局。为了充分利用生物资源，公司在 2002 年初成立了云南玉溪万方食用菌有限公司，提高了资源的综合利用度。由此，玉溪万方确立了依托可再生资源、技术创新、循环经济的可持续发展模式。玉溪万方为制药行业、个人护理品、日化行业、健康产业厂商提供包括天然产物提取、植物原料药、植物活性成分等产品及服务。同时玉溪万方致力于为专业的厂商提供植物活性成分的研究开发，应用技术服务、整体解决方案等增值服务。

5.2.13.2　玉溪万方专利申请分析

玉溪万方申请专利 3 件，全是发明专利，其中 2 件有权，1 件无权。具体情况如下：

表 5-10 玉溪万方专利申请情况

申请号	专利名称	法律状态	是否与三七相关
200510013556.5	去除植物药体系中铜和铅的吸附材料及其制备方法	有权	否
200710056729.0	改性蒙脱土作为去除水体系中有机氯农药吸附剂的应用	无权	否
200710056730.3	一种去除水中微量汞、镉离子的改性水滑石的制备方法	有权	否

5.2.13.3 玉溪万方专利发明人研发能力及合作分析

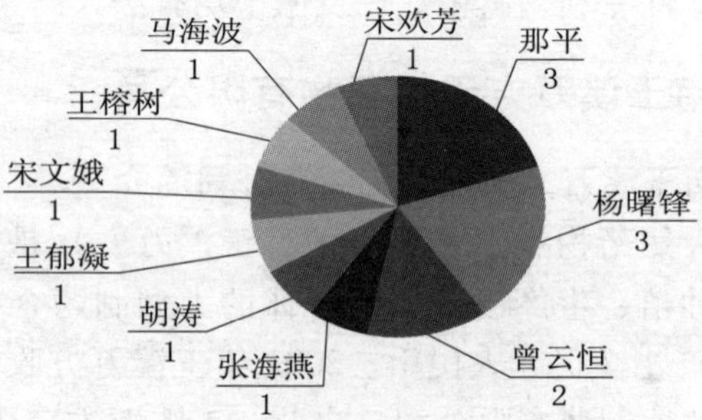

图 5-43 玉溪万方专利发明人构成

如图 5-43 所示，玉溪万方共申请发明专利 3 件，但发明人构成中发明人共有 10 位，且彼此之间合作密切，由此可见该公司研发人员的研发能力目前不强。

5.2.13.4 玉溪万方主要技术构成分析

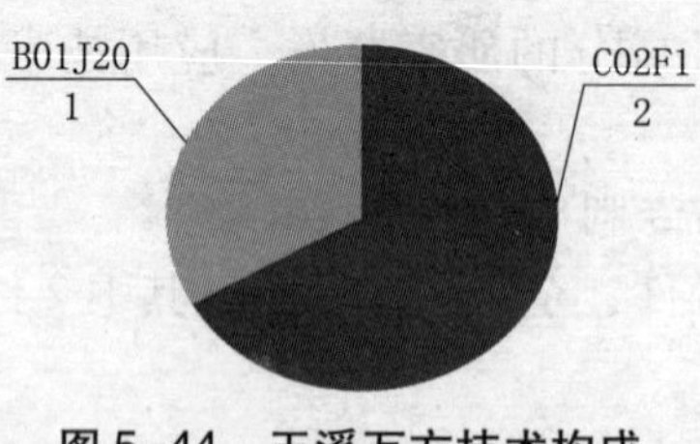

图 5-44 玉溪万方技术构成

如图 5-44 所示，玉溪万方的专利申请 IPC 构成比较简单。其中 C02F1（使用酶或微生物的方法）领域专利 2 件，B01J20（固体吸附剂组合物或过滤助剂组合物；用于色谱的吸附剂；用于制备、再生或再活化的方法）领域专利 1 件。由此可见该公司在制药行业没有相应的专利技术。

云南滇池制药有限公司申请专利 3 件，全是外观设计专利，现均为无权状态。

5. 2. 14　云南云河药业有限公司

5. 2. 14. 1　云南云河药业有限公司简介

云南云河药业有限公司（简称云河药业），前身是国有云南省个旧市制药厂，始建于 1970 年，2002 年按现代企业制度改制为民营股份有限公司。云河药业现已拥有标准化、规范化生产大容量注射剂、小容量注射剂、片剂、胶囊剂、颗粒剂、酊剂、糖浆剂、口服液、中药原料药 9 大剂型 60 余个品种，结构合理、技术含量高的产品体系。“香果健消片”、“虎力散胶囊”为全国独家产品，龙血竭原料及共制剂等 28 个品种被列为国家基本药物目录，30 个品种被定为“国家基本医疗保险用药”，4 个品种独家获“国家中药保护品种证书”。“云杉牌”商标被评定为“云南省著名商标”。

5. 2. 14. 2　云河药业专利申请分析

表 5-11　云河药业专利申请情况

申请号	专利名称	法律状态	是否与三七相关
200610010797. 9	一种治疗喘咳的中药组合物及其制备方法	有权	否
201110249260. 9	一种中药组合物在制备抗病毒药物中的应用	审查中	否
200810058563. 0	败酱片及生产方法	无权	否
200810058467. 6	香果健消片及生产方法	有权	否
201010555272. X	一种复方龙血竭制剂及其制备方法	审查中	是
201110024222. 3	一种黄花败酱浸膏的制备方法	审查中	否
201110024214. 9	一种用于健胃消食的药物组合物	有权	否

如表 5-11 所示，云河药业申请专利 14 件，其中发明专利 7 件，3 件有权，3 件审查中，1 件无权；7 件外观设计专利，其中 2 件无权，5 件有权。分析申请号可以得出，该公司从 2008 年以后才增强专利意识，近几年新申请的专利较多。

5.2.14.3 云河药业专利类型分析

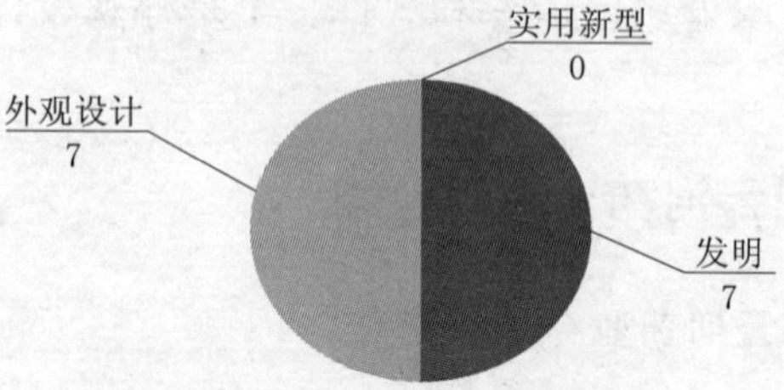

图 5-45 云河药业专利类型

如图 5-45 所示，云河药业共申请专利 14 件，其中发明专利 7 件，所占比例为 50%；外观设计专利 7 件，所占比例为 50%。这说明该公司未能掌握核心技术，技术含量不高。

5.2.14.4 云河药业专利法律状态分析

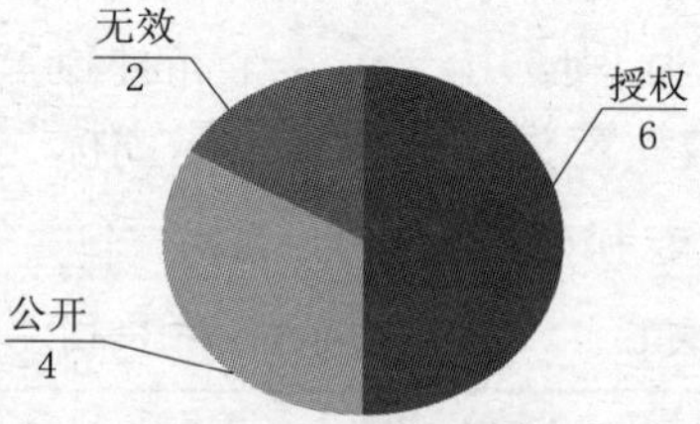

图 5-46 云河药业专利法律状态

如图 5-46 所示，云河药业共申请专利 14 件，其中授权 8 件，所占比例为 57%，无效专利 2 件，所占比例 14%，从近几年来看，该公司技术研发和专利申请能力较强。

5.2.14.5 云河药业主要技术构成分析

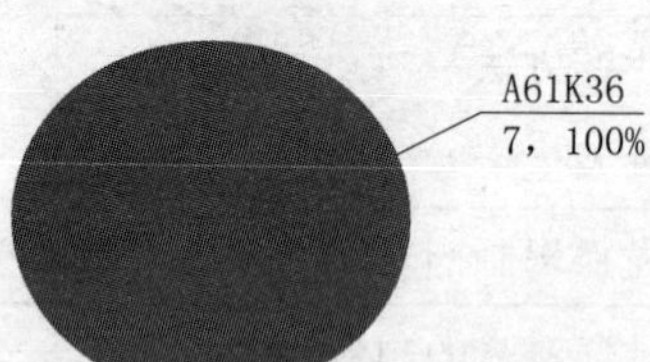

图 5-47 云河药业技术构成

如图 5-47 所示，云河药业的发明专利 IPC 构成中，7 件都在 A61K36 领域，这说明该公司研发重点为医药领域。

5.2.14.6 云河药业发明人构成及合作分析

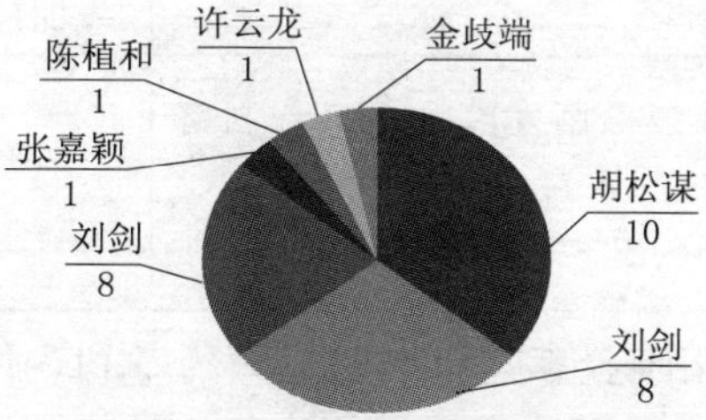

图 5-48 云河药业发明人构成

如图 5-48 所示，云河药业的核心发明人为刘剑和胡松谋，其中，申请量据第二位的刘剑系法定代表人。在发明人构成中所占比例最高的是胡松谋，共 10 件专利申请。通过分析显示，刘剑和胡松谋之间研发合作密切。

5.2.15 昆明诺唯金参生物工程有限责任公司

5.2.15.1 昆明诺唯金参生物工程有限责任公司简介

昆明诺唯金参生物工程有限责任公司（简称诺唯金参）于 2007 年 6 月 7 日成立，系自然人出资的有限责任公司，公司经营范围为："天然生物产品的研制与销售、生物技术开发、转让、咨询与服务；化学/生化试剂、玻璃仪器、分析仪器的批发、零售及服务"。

公司法定代表人文孟良，系云南省跨世纪中青年学术带头人，云南大学微生物国家重点学科微生物次生代谢产物及活性先导化合物方向学术带头人、教授、博士生导师。文孟良作为发明人共申请专利 21 件。其中目前有专利权的 2 件，审查中的 2 件，无权的 17 件。

5.2.15.2 诺唯金参专利申请分析

表 5-12 诺唯金参专利申请情况

申请号	名 称	发明(设计)人	法律状态
CN200710066011.X	一种链霉菌发酵三七皂苷制备稀有人参皂苷 Compound K 的工艺	文孟良;李铭刚;杜刚;赵江源	有权
CN200810233470.7	人参皂苷 Compound K 在制备防治动脉粥样硬化的药物中的应用	(请求不公开姓名)	有权

续表

申请号	名 称	发明(设计)人	法律状态
CN200810233482. X	一种链霉菌发酵三七皂苷制备20(S)-人参皂苷 Rh₁的工艺	(请求不公开姓名)	有权

如表 5-12 所示，诺唯金参共申请三七医药专利 3 件，全是发明专利，现 3 件专利都拥有专利权。需要注意的是，该公司是将三七皂苷研发作为目前的发展方向，且在专利申请中，请求不公开姓名。请求不公开发明者姓名有利于预防竞争对手挖取核心发明人。

5.2.15.3 诺唯金参专利申请年度趋势

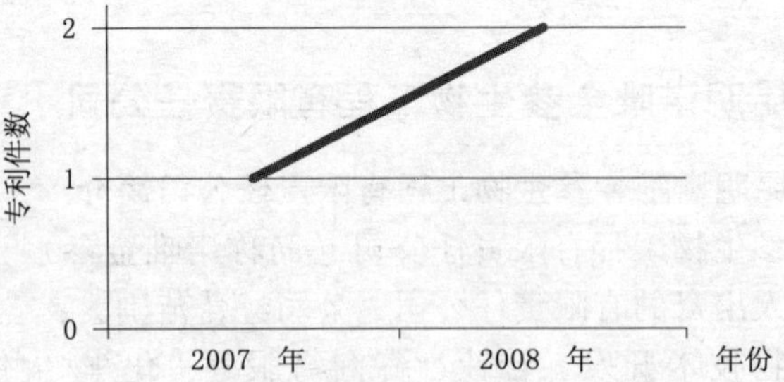

图 5-49 诺唯金参专利申请年度趋势

如图 5-49 所示，诺唯金参共申请三七医药专利 3 件。其中 2007 年申请 1 件，2008 年申请 2 件。现 3 件专利都已获得授权。

5.2.15.4 诺唯金参专利 IPC 构成分析

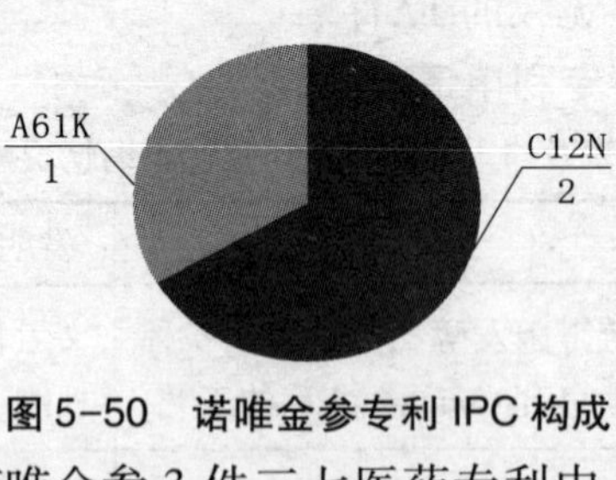

图 5-50 诺唯金参专利 IPC 构成

如图 5-50 所示，诺唯金参 3 件三七医药专利中，其中 2 件专利在 C12N（微生物或酶；其组合物；繁殖、保藏或维持微生物）领域，1 件专利在 A61K（药品）领域。说明该公司与云南其他申请人在研发方向方面有明显不同，并取得一定技术成果。

5.2.15.5　诺唯金参专利发明人分析

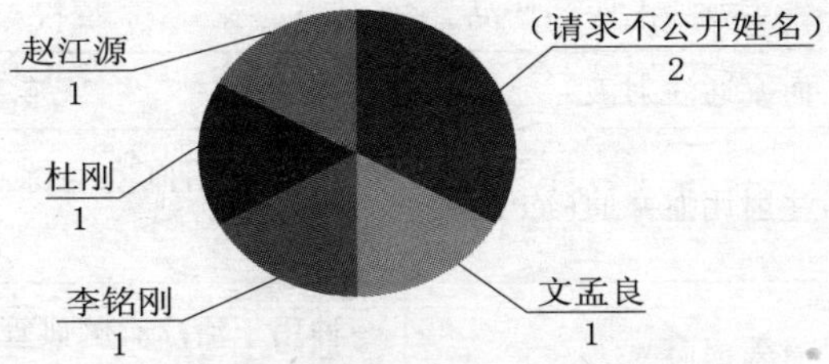

图 5-51　诺唯金参专利发明人构成

如图 5-51 所示，诺唯金参共申请 3 件三七医药专利，其中 2 件专利的发明人请求不公开。公开发明人的专利是“一种链霉菌发酵三七皂苷制备稀有人参皂苷 COMPOUNDK 的工艺（申请号：200710066011.X）”，该专利有 4 名发明人，分别是文孟良、李铭刚、杜刚、赵江源。依据专利审查程序发明人（设计人）请求不公布其姓名的，一经提出后不得要求重新公布其姓名。

5.3　重要三七产品及专利对应分析

表 5-13　三七产品及其产品专利技术

企业名称	主要三七医药产品	授权专利
北京绿源求证公司	同龄益生颗粒	一种增强免疫力的食疗保健营养冲剂
天津天士力公司	复方丹参滴丸	一种复方丹参滴丸的制备方法
	芪参益气滴丸	一种治疗冠心病心绞痛的药物滴丸
	芪参茶	无专利
	丹参饮片	
广东众生药业股份有限公司	复方血栓通胶囊	一种复方血栓通中药制剂及其制备方法
	复方丹参片	无专利
广西梧州中恒集团股份有限公司	注射用血栓通	一种治疗心脑血管疾病的三七药物组合物
	血栓通注射液	
	肝得乐胶囊	无专利

续表

<table>
<tr><th colspan="2">企业名称</th><th>主要三七医药产品</th><th>授权专利</th></tr>
<tr><td colspan="2" rowspan="3">黑龙江珍宝岛药业股份有限公司</td><td>血塞通注射液</td><td>无专利</td></tr>
<tr><td>注射用血塞通(冻干)</td><td>一种注射用血塞通冻干粉针制剂的制备方法</td></tr>
<tr><td>血塞通胶囊</td><td>一种用于治疗心脑血管疾病的胶囊及其制备方法和应用</td></tr>
<tr><td colspan="2">上海通用药业股份有限公司</td><td>血塞通注射液</td><td>无专利</td></tr>
<tr><td rowspan="12">广药集团</td><td rowspan="7">广州中一药业有限公司</td><td>腰息痛胶囊</td><td rowspan="5">无专利</td></tr>
<tr><td>心可宁胶囊</td></tr>
<tr><td>复方丹参片</td></tr>
<tr><td>化痔灵片</td></tr>
<tr><td>三七化痔丸</td></tr>
<tr><td>胃乃安胶囊</td><td>一种治疗消化性溃疡的中成药及其制备方法</td></tr>
<tr><td>金佛止痛丸</td><td>一种治疗痛症的中成药及其制备方法</td></tr>
<tr><td rowspan="5">广州白云山和记黄埔中药有限公司</td><td>复方丹参片</td><td rowspan="5">无专利</td></tr>
<tr><td>妇康宁片</td></tr>
<tr><td>田七痛经胶囊</td></tr>
<tr><td>消栓通络片</td></tr>
<tr><td>骨刺片</td></tr>
<tr><td colspan="2" rowspan="3">柳河方大制药有限公司</td><td>复方三七胶囊</td><td rowspan="3">无专利</td></tr>
<tr><td>腰息痛胶囊</td></tr>
<tr><td>复方丹参片</td></tr>
</table>

续表

企业名称	主要三七医药产品	授权专利
云南白药	云南白药	国家保密配方
	田七痛经胶囊	无专利
	七叶神安片	
	复方丹参片	
	田七花叶颗粒	
	血塞通针剂	
	气血康口服液	一种益气补血药物及其制备方法和应用
	气血康胶囊	一种益气补血药物及其制备方法和应用
	血塞通分散片	无专利
	血塞通注射液	
	血塞通胶囊	
昆明制药	注射用血塞通	三七皂甙粉针剂
	血塞通软胶囊	血塞通软胶囊及其制备工艺
	血塞通注射液	皂甙类粉针剂注溶剂
	七叶神安片	无专利
	灯银脑通胶囊	复方三七制剂
金泰得	血塞通片	无专利
	血塞滴丸	
	血塞通颗粒	
	田七药叶颗粒	
昆明圣火	血塞通软胶囊	无专利
	七叶神安片	
	田七痛经胶囊	
	复方丹参片	

续表

企业名称	主要三七医药产品	授权专利
药物研究所	肿痛气雾剂	治疗肿痛的外用药物组合物
	肿痛搽剂	治疗肿痛的外用药物组合物
	肿痛凝胶	治疗肿痛的外用药物组合物
	痛舒胶囊	治疗肿痛的药物组合物
	伤益气雾剂	无专利
	田七花叶颗粒	
	痛舒片	
金不换集团	三七胶囊	无专利
	三七液	
	七叶神安片	
	三七冠心宁胶囊	
	三七片	
	三七冠心宁合剂	
	复方丹参片	
	三七精华素	
	复方丹参胶囊	
	三七叶精华素胶囊	
	血塞通滴丸	
	三七胶囊	
	眠乐胶囊	

续表

企业名称	主要三七医药产品	授权专利
	丹参益心胶囊	无专利
特安呐	三七力康片	无专利
	唐指康胶囊	
	血塞通片	
	血塞通颗粒	
	田七花叶颗粒	
	三七伤药片	
	三七胶囊	
	七叶神安片	
	七生力片	
	七生静片	
植物药业	血塞通分散片	三七总皂苷分散片及其制备方法和应用
	云南红药胶囊	无专利
	血塞通注射液	
	三七片	
	三七伤药片	
	七叶神安片	
维和药业	田七痛经胶囊	无专利
	复方三七补血片	
	三七胶囊	
	三七养血胶囊	
	活血通脉片	
	复方丹参片	
	七叶神安片	
	血塞通片	
	血塞通胶囊	

续表

企业名称	主要三七医药产品	授权专利
维和药业	血塞通颗粒	
	三七冠心宁胶囊	
	生三七散	
望子隆	三七脂肝丸	三七脂肝制剂及其制备方法
	三七片	无专利
	田七花叶颗粒	
	七叶神安片	
	田七痛经胶囊	

从表5-13可以看出，省外主要三七药物生产企业的产品中，有相当一部分产品有对应的专利，受保护程度较高；而省内主要三七药物生产企业中，除云南白药集团、昆明制药、药物研究所的部分产品申请专利以外，其他企业的产品申请专利的数量较少甚至没有专利，产品技术含量不高，也因为如此，产品的同质化现象严重，将对企业及产品的市场竞争力造成影响。

5.4 云南省三七医药专利预警分析小结

5.4.1 三七医药企业技术发展不平衡

通过前述分析，云南省三七医药企业专利申请量较大的企业分别是云南白药、昆明制药、药物研究所、植物药业。专利申请量较小的企业分别是金泰得、金不换集团、维和药业、望子隆等。云南省的三七企业不仅与外省的企业专利申请量差距大，省内企业之间专利申请量的差距也很大，技术发展严重不平衡。

5.4.2 专利申请有效性较低

药物研究所申请专利56件，其中发明专利49件，其中有权专利19件，无权专利24件，审查中的专利6件，有权专利所占比重为39%。特安呐申请专利7件，7件专利全是发明专利，其中2件专利有权，5件专利无权，有权专利所占比例为 29%。望子隆申请专利 5 件，全是发明专利，2 件专利有权，3 件专利无权。云河药业申请专利 14 件，其中发明专利 7 件，3 件专利有权，3 件专利在审查中，1 件专利无权。云南省的许多三七企业本身创新能力有限，专利申请能力不足，好不容易申请的专利因为各种原因没有通过实质审查获得专利权，由此可见下一步需要寻求更有能力的专利代理事务所合作，同时企业要不断通过培训提高技术人员及专利相关人员的专利申请水平。

5.4.3 三七产品没有对应的专利进行保护

云南省多数企业，如金不换集团、特安呐、维和药业都生产三七产品，许多产品品牌市场销量好，是云南省著名商标或云南省知名产品，但是这些产品几乎没有相关专利技术对应，因此其抵抗市场竞争能力较差。如果这种情况仍然不引起云南企业重视，将导致国家药品限价以及产品同质化，这将对云南省生产三七产品的企业非常不利。

5.4.4 发明人创新能力不足

云南省三七医药企业专利申请中的发明人数量较多，如昆明圣火 4 件专利发明人却有 7 人，且每一件专利的发明人都有该公司的法定代表人蓝桂华。三七研究所专利申请 16 件，但专利发明人有 29 位。玉溪万方共申请发明专利 3 件，但发明人有 10 位。这种现象说明：第一，云南省内与三七相关的大多数企业内部的研发模式是以项目组、团队或部门的形式，通过团队合作的模式取得研发成果，此种模式符合三七医药研发的实际；第二，公司发明人数远大于专利申请件数说明发明人的研发能力还不强，当然，也不排除目前正在进行的研究还未能达到专利申请的条件，或不想通过申请专利进行保护的可能；第三，许多公司的发明专利申请人都挂有法定代表人或领导人，如果法定代表人或管理人员没有实质参与技术研发却在发明专利上署名，这种模式在一定程度上不能激发真正研发人员的研发激情。

5.4.5 研发领域基本相同

云南省申请人的研发领域基本相同，均将三七医药作为主要研究方向，仅云南白药、诺唯金参公司和昆明圣火等少部分申请人已开始将三七药用研究转向为保健、化妆品方面，尤其云南白药已取得明显成效，云南其他申请人应当引起重视，并可以借鉴将三七运用非医药领域。

第 6 章

三七医药近三年专利分析

我国自2008年实施知识产权战略至今，是专利申请旺盛时期。对近三年的专利申请进行分析，可以让有关单位和企业理解或掌握近几年技术发展趋势和主要竞争方向。

6.1 近三年总体分析

6.1.1 近三年年度申请量分析

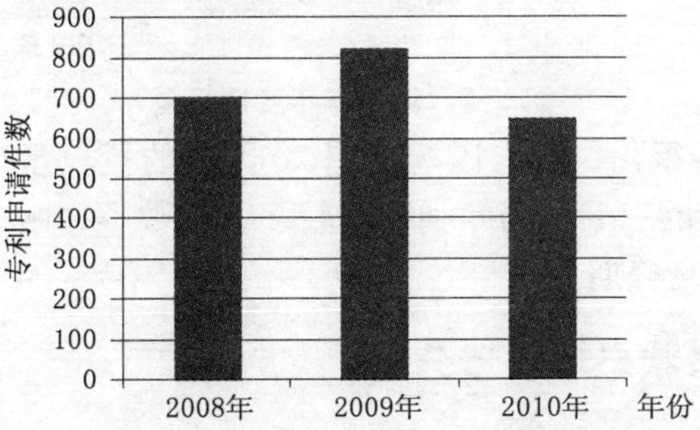

图6-1 2008-2010年年度申请量

从图6-1分析得出，三七医药专利2008年申请701件，2009年申请821件，2010年申请651件，近几年的申请量与2008年以前相比，增幅明显。这说明申请人对三七医药专利认识有所加强。

6.1.2 近三年年度申请人数分析

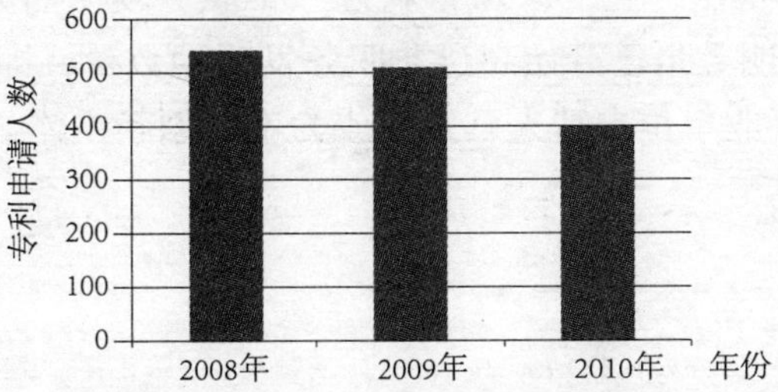

图6-2 近三年年度申请人数

从图6-2分析得出，三七医药专利2008年申请人543人，2009年申请人

512人，2010年申请人398人，申请人基本保持在500人左右，说明申请人申请专利的积极性较强，对三七医药市场有一定的信心。

6.1.3 近三年年度授权量分析

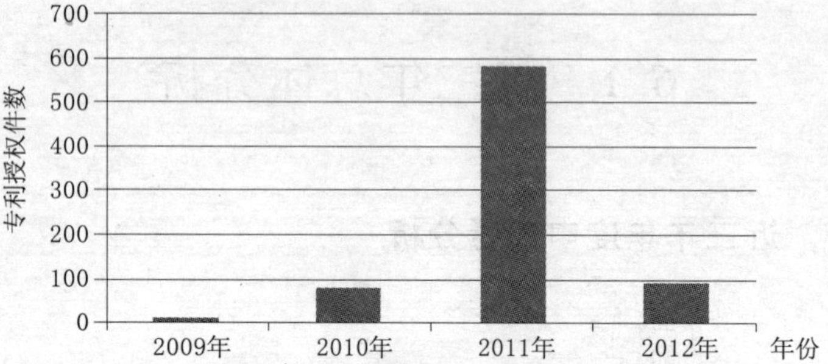

图6-3 近三年年度授权量

从图6-3分析得出，三七医药专利2011年的授权量达到584件，说明2010年以前新申请的三七医药专利数量较多，从数据判断，近几年仍然是三七医药专利授权的高峰期。

6.1.4 职务状态申请量分析

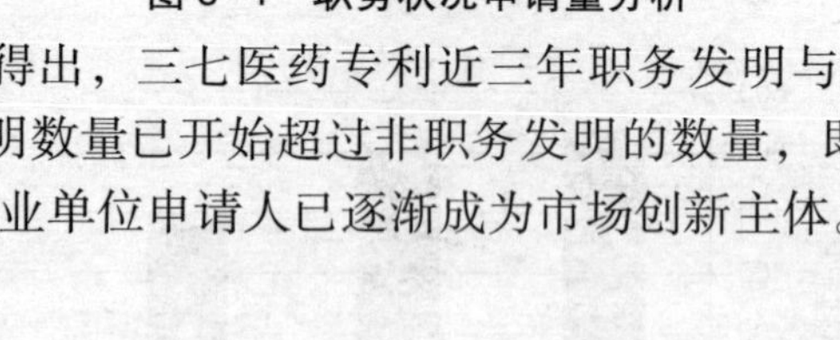

图6-4 职务状况申请量分析

从图6-4分析得出，三七医药专利近三年职务发明与非职务发明之间发生了变化，职务发明数量已开始超过非职务发明的数量，即分别为50.02%和49.98%，说明企事业单位申请人已逐渐成为市场创新主体。

6.2　近三年申请国家分析

6.2.1　近三年申请国申请人分析

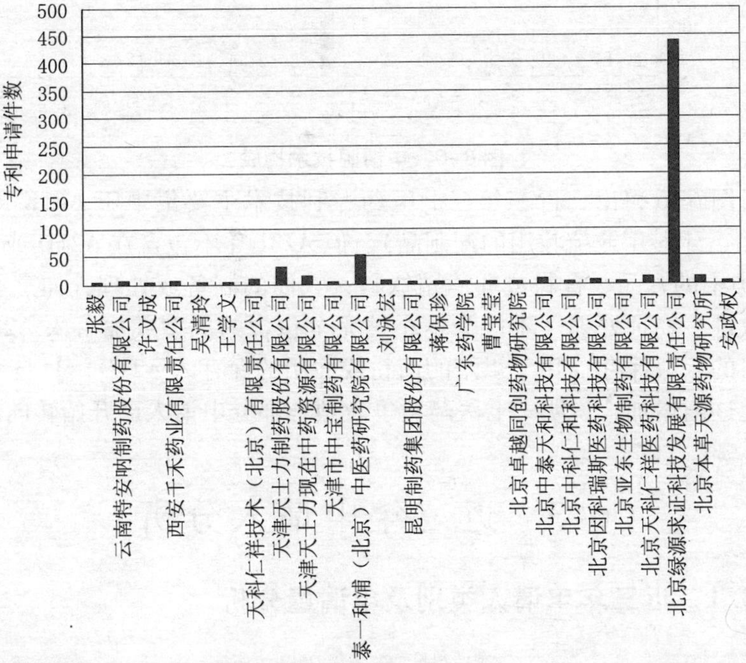

图6-5　申请国申请人

从图6-5分析得出，前25名申请人中，绿源求证公司以439件总数占居首位，第二位的是泰一和浦（北京）有限责任公司，申请量为55件，第三位天士力公司，共49件。前25名申请人中的云南申请人分别为“昆明制药”和“特安呐”两家企业，这说明云南近几年的三七医药专利申请量仍然不多。

6.2.2 近三年申请国技术构成分析

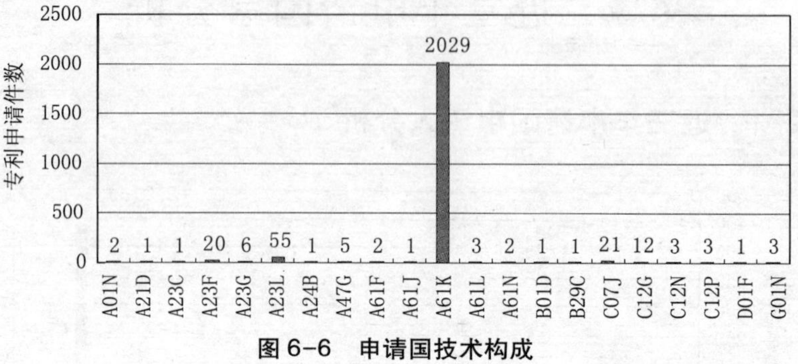

图 6-6 申请国技术构成

分析图 6-6 得出，近三年三七医药专利技术主要集中于 A61K 即医药领域（医用、牙科用或梳妆用的配制品）。但 A23L【不包含在 A21D 或 A23B 至 A23J 小类中的食品、食料或非酒精饮料；它们的制备或处理，如烹调、营养品质的改进、物理处理（不能为本小类完全包含的成型或加工入 A23P）；食品或食料的一般保存（用于烘焙的面粉或面团的保存入 A21D）】技术领域专利申请也逐渐增加，说明三七医药竞争激烈，部分申请人已开始转向。

6.3 近三年申请人分析

6.3.1 近三年申请人类别及申请量分析

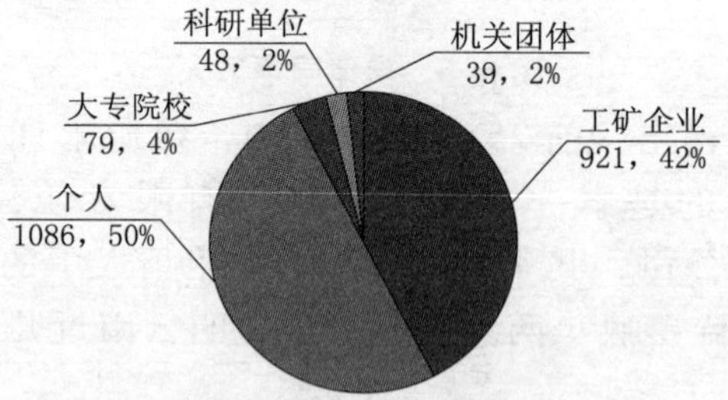

图 6-7 申请人类别及申请量比例

分析图 6-7 得出，三七医药近三年研发中，主要以工矿企业和个人为主，分别约占 42%和 50%。大专院校、科研单位和机关团体共占 8%。

6.3.2　近三年申请人类别法律状态分析

表 6-1　近三年申请人类别法律状态

法律状态	个人	工矿企业	大专院校	科研单位	机关团体
终止	11	2	0	0	0
授权	416	278	31	14	17
视撤	166	151	18	6	4
实审	282	184	26	16	15
公开	182	297	4	12	1
驳回	29	9	5	0	2

从表 6-1 分析得出，近三年个人申请人授权 416 件，工矿企业授权 278 件；个人和工矿企业实审专利分别为 282 件和 184 件，说明近几年新申请的专利面临新的授权高峰期。需要注意的是，科研单位尽管申请量少，但没有发现存在驳回的专利，说明科研单位授权率较高，企业申请人可以采取委托开发或合作开发方式取得专利权。

6.4　近三年发明人分析

6.4.1　近三年发明人申请量趋势分析

前 30 名主要发明人中，发明人刘新壮和王峰在近三年的专利申请中，明显具有优势，申请量分别位居首位和第二位，而且两人在近几年中，均连续保持申请；但王峰 2008 年没有发现专利申请，说明其进入时间迟或是研发中受到技术阻碍。

6.4.2　近三年发明人技术构成分析

前 30 名主要发明人中，技术领域均以 A61K31/00 为主（含有机有效成分的医药配制品），说明主要发明人的研发方向基本相同，所带来的是竞争加剧。同时更说明近几年三七医药市场较好，申请人看好三七医药市场前景。

6.5 近三年区域分析

6.5.1 近三年各分类区域分析

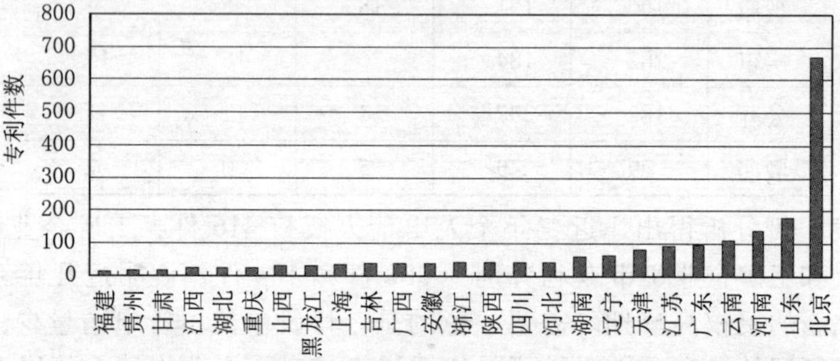

图 6-8 近三年各分类区域

从图 6-8 分析得出，北京市和山东省分别以 671 件和 281 件居首位和第二位，河南省以 140 件居第三位，云南省以 112 件居第四位，云南省与北京市相比差距近 10 倍，云南省与山东省相比差一倍多，说明近三年云南省三七医药专利申请停滞不前。

6.5.2 近三年技术生命周期分析

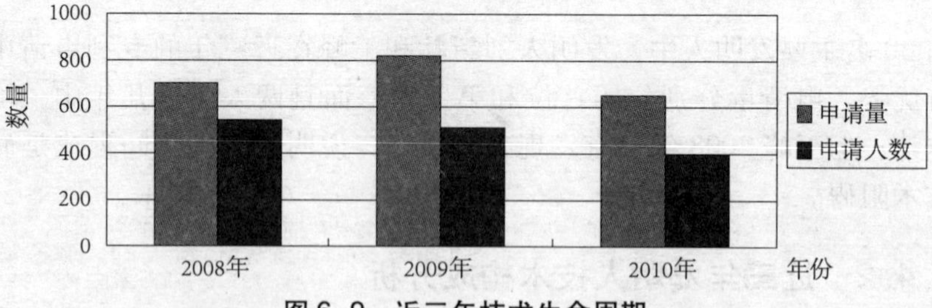

图 6-9 近三年技术生命周期

表6-2　2008-2010申请量、申请人数及发明人数

年份	申请量	申请人数	发明人数
2008	701	543	1091
2009	821	512	1048
2010	651	398	732

从图6-9、表6-2分析得出，申请人数和发明人数变化较小，申请人数基本维持在500人以上，发明人数维持在1500人以内，说明申请人进入和退出保持不变，技术已进入快速成长期。

6.6　预警分析小结

6.6.1　云南申请人申请量在持续下降

从近三年的申请量变化得出，云南省三七医药专利申请量还在持续下降，这与云药发展战略背道而驰，需要引起云南有关部门和申请人的高度重视。

6.6.2　加强与科研院校的合作

近三年科研院校的三七医药专利申请授权率明显高于一般个人和企业，因此，企业申请人应当加强与科研院校的合作，掌握三七医药更多的核心技术。

6.6.3　云南企事业单位未成为市场创新主体

近三年的三七医药专利申请和授权状况说明企事业单位申请人已逐渐成为市场创新主体。但云南省实际上仍然是非职务发明占据主要地位，这说明云南医药发展核心技术少，技术转化困难、产品竞争能力仍然不强等现状难以改变。

第 7 章

三七产业政策

7.1 国家相关产业政策

7.1.1 《专利法》及其实施细则

为了保护专利权人的合法权益，鼓励发明创造，推动发明创造的应用，提高创新能力，促进科学技术进步和经济社会发展，1984 年 3 月 12 日第六届全国人民代表大会常务委员会审议通过了《中华人民共和国专利法》。该法的制定和实施，对建立健全我国知识产权法律体系起到了非常重要的作用，极大地促进了我国科学技术和社会经济的发展和进步。此后，为促进《中华人民共和国专利法》的有效施行，国务院又制定和实施了《中华人民共和国专利法实施细则》。

7.1.2 《中华人民共和国科学技术进步法》

为了促进科学技术进步，发挥科学技术第一生产力的作用，促进科学技术成果向现实生产力转化，推动科学技术为经济建设和社会发展服务，1993 年 7 月 2 日第八届全国人民代表大会常务委员会审议通过了《中华人民共和国科学技术进步法》。该法明确规定：国家坚持科学发展观，实施科教兴国战略，实行自主创新、重点跨越、支撑发展、引领未来的科学技术工作指导方针，构建国家创新体系，建设创新型国家；制定和实施国家知识产权战略，建立和完善知识产权制度，营造尊重知识产权的社会环境，依法保护知识产权，激励自主创新；加大财政性资金投入，并制定产业、税收、金融、政府采购等政策，鼓励、引导社会资金投入，推动全社会科学技术研究开发经费持续稳定增长。

7.1.3 《促进科技成果转化法》

为了促进科技成果转化为现实生产力，规范科技成果转化活动，加速科学技术进步，推动经济建设和社会发展，1996 年 5 月 15 日全国人民代表大会常务委员会审议通过了《中华人民共和国促进科技成果转化法》，该法制定了一系列促进科技成果转化的组织和保障措施、办法，并明确规定了科技成果转化和实施的奖励办法。

7.1.4 《非物质文化遗产法》

2011 年 2 月 25 日，全国人民代表大会常务委员会审议通过了《中华人民共和国非物质文化遗产法》，该法第 2 条明确规定，将传统医药列为国家非物质文化遗产，以促进传统医药的传承和传播。

7.1.5 《药品管理法》

《中华人民共和国药品管理法》自 2001 年 12 月 1 日起施行，对有关生产经营药品企业资质进行明确规定，其中主要包括：第 4 条规定，国家鼓励研究和创制新药，保护公民、法人和其他组织研究、开发新药的合法权益。第 50 条规定，列入国家药品标准的药品名称为药品通用名称。已经作为药品通用名称的，该名称不得作为药品商标使用。第 29 条，研制新药，必须按照国务院药品监督管理部门的规定如实报送研制方法、质量指标、药理及毒理试验结果等有关资料和样品，经国务院药品监督管理部门批准后，方可进行临床试验。药物临床试验机构资格的认定办法，由国务院药品监督管理部门、国务院卫生行政部门共同制定。完成临床试验并通过审批的新药，由国务院药品监督管理部门批准，发给新药证书。

7.1.6 《中医药条例》

《中华人民共和国中医药条例》自 2003 年 10 月 1 日起施行，该法第 22 条规定，中医药科学研究应当注重运用传统方法和现代方法开展中医药基础理论研究和临床研究，运用中医药理论和现代科学技术开展对常见病、多发病和疑难病的防治研究。中医药科研机构、高等院校、医疗机构应当加强中医药科研的协作攻关和中医药科技成果的推广应用，培养中医药学科带头人和中青年技术骨干。第 23 条规定，捐献对中医药科学技术发展有重大意义的中医诊疗方法和中医药文献、秘方、验方的，参照《国家科学技术奖励条例》的规定给予奖励。

7.1.7 《国家中长期科学和技术发展规划纲要(2006-2020年)》

国务院于 2006 年 2 月 9 日制定并发布了《国家中长期科学和技术发展规划纲要（2006-2020 年）》，纲要中将“心脑血管病、肿瘤等重大非传染疾病防治”和“中医药传承与创新发展”列为重点中的优先主题，由于三七作为中医药的重要药材，以及在治疗心脑血管疾病方面的特殊功效，注定了三七及三七产业将会迎来新的发展机遇。

7.1.8 《生物产业发展“十一五”规划》

国家发展和改革委员会制定了《生物产业发展“十一五”规划》，提出要加快发展生物医药、生物农业、生物能源、生物制造、生物环保等行业，在生物医药领域，要重点发展新型疫苗、诊断试剂、创新药物和新型医疗器械，在创新药物方面，要大力发展生物药物，力争形成一批具有自主知识产权的生物药物，在具有独特疗效的溶栓药物、急救药物、心血管药物、代谢病药物、老年病药物等开发方面取得新进展；在现代中药方面，要加强中药的剂型改造和二次创新，优先发展用于治疗肿瘤、肝病、心脑血管病、艾滋病、抑郁症、糖尿病、更年期综合征、流感等免疫功能性疾病、病毒性疾病和老年性疾病等的中成药，加快做大做强一批优势品牌、品种和企业。

7.1.9 《国务院办公厅关于促进生物产业加快发展的若干政策》

国务院办公厅于2009年制定了《促进生物产业加快发展的若干政策》(国办发〔2009〕45号)，该文件要求，加快把生物产业培育成为高技术领域的支柱产业和国家的战略性新兴产业，在企业培育、财税政策、人才培养、投融资、市场环境建设等方面制定相应的优惠政策，对促进产业的发展提供较为有利的条件。

7.1.10 《国民经济和社会发展第十二个五年(2011-2015年)规划纲要》

2011年3月，中共中央制定并发布了《中华人民共和国国民经济和社会发展第十二个五年（2011-2015年）规划纲要》，纲要明确提出，要大力发展以生物、节能环保等产业为代表的战略性新兴产业，其中，生物产业重点发展生物医药、生物医学工程产品、生物农业、生物制造。纲要还提出，发展战略性新兴产业要加强政策支持和引导，主要措施包括：设立战略性新兴产业发展专项资金和产业投资基金，扩大政府新兴产业创业投资规模，发挥多层次资本市场融资功能，带动社会资金投向处于创业早中期阶段的创新型产业；综合运用补偿等财政优惠政策，鼓励金融机构加大信贷支持力度；完善鼓励创新、引导投资和消费的税收支持政策等。从规划纲要中可以看出，“十二五”期间，生物产业仍将是我国重点发展的产业领域之一，对我国国民经济和社会发展具有重要的战略意义。

7.1.11 《国家“十二五”科学和技术发展规划》

国家科技部2011年7月4日制定的《国家“十二五”科学和技术发展规划》中明确指出，生物产业作为战略性新兴产业之一，要集中优势力量进行攻关，增强核心竞争力。

7.1.12 《“十二五”国家战略性新兴产业发展规划》

国务院于2012年5月30日通过了《“十二五”国家战略性新兴产业发展规划》，提出了七大战略性新兴产业的重点发展方向和主要任务，其中关于生物产业的发展方向和任务为：生物产业要面向人民健康、农业发展、资源环境保护等重大需求，强化生物资源利用等共性关键技术和工艺装备开发，加快构建现代生物产业体系。

7.1.13 《产业结构调整指导目录（2011年本）》

《产业结构调整指导目录（2011年本）》第13条规定了医药方面的创新：①拥有自主知识产权的新药开发和生产，天然药物开发和生产，新型计划生育药物（包括第三代孕激素的避孕药）开发和生产，满足我国重大、多发性疾病防治需求的通用名药物首次开发和生产，药物新剂型、新辅料的开发和生产，药物生产过程中的膜分离、超临界萃取、新型结晶、手性合成、酶促合成、生物转化、自控等技术开发与应用，原料药生产节能降耗减排技术、新型药物制剂技术开发与应用；②现代生物技术药物、重大传染病防治疫苗和药物、新型诊断试剂的开发和生产，大规模细胞培养和纯化技术、大规模药用多肽和核酸合成、发酵、纯化技术开发和应用，采用现代生物技术改造传统生产工艺；③新型药用包装材料及其技术开发和生产（一级耐水药用玻璃，可降解材料，具有避光、高阻隔性、高透过性的功能性材料，新型给药方式的包装；药包材无苯油墨印刷工艺等）；④濒危稀缺药用动植物人工繁育技术及代用品开发和生产，先进农业技术在中药材规范化种植、养殖中的应用，中药有效成分的提取、纯化、质量控制新技术开发和应用，中药现代剂型的工艺技术、生产过程控制技术和装备的开发与应用，中药饮片创新技术开发和应用，中成药二次开发和生产；⑤民族药物开发和生产；⑥新型医用诊断医疗仪器设备、微创外科和介入治疗装备及器械、医疗急救及移动式医疗装备、康复工程技术装置、家用医疗器械、新型计划生育器具（第三代宫内节育器）、新型医用材料、人工器官及关键元器件的开发和生产，数字化医学影像产品及医疗信息技术的开发与应用；⑦实验动物标准化养殖及动物实验服务；⑧基本药物质量和生产技术水平提升及降低成本。

7.1.14 《国务院关于扶持和促进中医药事业发展的若干意见》

《国务院关于扶持和促进中医药事业发展的若干意见》（国发〔2009〕22号）于2009年4月21日发布，主要规定：加强中医药法制建设和知识产权保护。积极推进中医药立法进程，完善法律法规。加强中医药知识产权保护和利用，完善中医药专利审查标准和中药品种保护制度，研究制订中医药传统知识保护名录，逐步建立中医药传统知识专门保护制度。加强中药道地药材原产地保护工作，将道地药材优势转化为知识产权优势。

7.1.15 《国务院关于加快培育和发展战略性新兴产业的决定》

《国务院关于加快培育和发展战略性新兴产业的决定》（国发〔2010〕32号）明确要求：①大力发展用于重大疾病防治的生物技术药物、新型疫苗和诊断试剂、化学药物、现代中药等创新药物大品种，提升生物医药产业水平。②加快落实人才强国战略和知识产权战略。建立科研机构、高校创新人才向企业流动的机制，加大高技能人才队伍建设力度。加快完善期权、技术入股、股权、分红权等多种形式的激励机制，鼓励科研机构和高校科技人员积极从事职务发明创造。加大工作力度，吸引全球优秀人才来华创新创业。发挥研究型大学的支撑和引领作用，加强战略性新兴产业相关专业学科建设，增加急需的专业学位类别。改革人才培养模式，制定鼓励企业参与人才培养的政策，建立企校联合培养人才的新机制，促进创新型、应用型、复合型和技能型人才的培养。支持知识产权的创造和运用，强化知识产权的保护和管理，鼓励企业建立专利联盟。完善高校和科研机构知识产权转移转化的利益保障和实现机制，建立高效的知识产权评估交易机制。加大对具有重大社会效益创新成果的奖励力度。

7.1.16 《国务院关于鼓励和引导民间投资健康发展的若干意见》

《国务院关于鼓励和引导民间投资健康发展的若干意见》（国发〔2010〕13号）要求：①贯彻落实鼓励企业增加研发投入的税收优惠政策，鼓励民营企业增加研发投入，提高自主创新能力，掌握拥有自主知识产权的核心技术。帮助民营企业建立工程技术研究中心、技术开发中心，增加技术储备，搞好技术人才培训。支持民营企业参与国家重大科技计划项目和技术攻关，不断提高企业技术水平和研发能力。②鼓励和引导民营企业发展战略性新兴产业。广泛应用信息技术等高新技术改造提升传统产业，大力发展循环经济、绿色经济，投资建设节能减排、节水降耗、生物医药、信息网络、新能源、新材料、环境保护、资源综合利用等具有发展潜力的新兴产业。

7.1.17 《国家知识产权战略纲要》

《国务院关于印发国家知识产权战略纲要的通知》（国发〔2008〕18号）在专项任务中要求：①以国家战略需求为导向，在生物和医药、信息、新材料、先进制造、先进能源、海洋、资源环境、现代农业、现代交通、航空航天等技术领域超前部署，掌握一批核心技术的专利，支撑我国高技术产业与新兴产业发展。②制定和完善与标准有关的政策，规范将专利纳入标准的行为。支持企业、行业组织积极参与国际标准的制定。③完善职务发明制度，建立既有利于激发职务发明人创新积极性，又有利于促进专利技术实施的利益分配机制。

7.1.18 《国务院关于鼓励和引导民间投资健康发展的若干意见》

《国务院关于鼓励和引导民间投资健康发展的若干意见》（国发〔2010〕13号）要求：①贯彻落实鼓励企业增加研发投入的税收优惠政策，鼓励民营企业增加研发投入，提高自主创新能力，掌握拥有自主知识产权的核心技术。帮助民营企业建立工程技术研究中心、技术开发中心，增加技术储备，搞好技术人才培训。支持民营企业参与国家重大科技计划项目和技术攻关，不断提高企业技术水平和研发能力。②鼓励和引导民营企业发展战略性新兴产业。广泛应用信息技术等高新技术改造提升传统产业，大力发展循环经济、绿色经济，投资建设节能减排、节水降耗、生物医药、信息网络、新能源、新材料、环境保护、资源综合利用等具有发展潜力的新兴产业。

7.1.19　《国务院关于落实〈政府工作报告〉重点工作部门分工的意见》

国务院《关于落实〈政府工作报告〉重点工作部门分工的意见》（国发〔2011〕7号）要求：坚定不移地实施国家知识产权战略，提升知识产权的创造、应用、保护、管理能力，激发全社会创新活力。（科技部、发展改革委、财政部、知识产权局负责）。大力发展中医药和民族医药事业，落实各项扶持政策。（卫生部、发展改革委、财政部、人力资源社会保障部、中央编办、中医药局负责）

7.1.20　《国务院办公厅转发知识产权局等部门关于加强战略性新兴产业知识产权工作若干意见的通知》

《国务院办公厅转发知识产权局等部门关于加强战略性新兴产业知识产权工作若干意见的通知》（国办发〔2012〕28号）转发了由国家知识产权局、科技部等10部委联合发布的《关于加强战略性新兴产业知识产权工作若干意见》，意见中提出了我国战略性新兴产业知识产权工作的主要发展目标是：①到2015年，知识产权创造能力明显增强；知识产权运用水平显著提高；企业和研发机构知识产权管理能力普遍加强。②到2020年，我国战略性新兴产业的知识产权创造、运用、保护和管理水平显著提高，知识产权有效支撑战略性新兴产业发展，涌现一批国际竞争力强、具有较强产业影响力和知识产权优势的企业，形成较为明显的战略性新兴产业知识产权比较优势。意见同时提出，要促进战略性新兴产业的知识产权创造及市场应用，推动战略性新兴产业实现知识产权价值，加强企业知识产权管理运用能力和相关服务体系建设，支撑战略性新兴产业形成竞争优势，完善知识产权保护政策措施，优化战略性新兴产业发展环境等。

7.1.21　《财政部关于印发〈地方特色产业中小企业发展资金管理暂行办法〉的通知》

《财政部关于印发〈地方特色产业中小企业发展资金管理暂行办法〉的通知（财企〔2010〕103号）中要求，支持中小企业产业升级和延伸。重点支持地方特色产业集群和特色产业聚集区内中小企业产业升级改造，新能源、新材料、节能环保、生物医药、信息网络及高端制造等战略性新兴产业中小企业项目建设和技术改造，集群和聚集区内主导性产业中小企业向附加值高的产业前端和后端延伸而进行的技术改造项目。

7.1.22 《国家发展改革委办公厅、国家中医药管理局办公室关于组织实施现代中药产业发展专项的通知》

《国家发展改革委办公厅、国家中医药管理局办公室关于组织实施现代中药产业发展专项的通知》（发改办高技〔2009〕2615 号）在专项支持的主要内容中要求：创新药物品种的产业化。支持治疗肿瘤、心脑血管病、代谢性疾病（糖尿病、高脂血症等）、肝病、病毒性感冒（流感）、妇科慢性疾病及胃肠道疾病，具有自主知识产权、疗效确切、制造技术先进且成熟、市场潜力大的创新中成药产品的产业化。

7.1.23 《最高人民法院关于当前经济形势下知识产权审判服务大局若干问题的意见》

《最高人民法院关于当前经济形势下知识产权审判服务大局若干问题的意见》（法发〔2009〕23 号）要求，加大专利权保护力度，着力培育科技创新能力和拓展创新空间，积极推进自主创新。

7.1.24 《最高人民法院关于贯彻实施国家知识产权战略若干问题的意见》

《最高人民法院关于贯彻实施国家知识产权战略若干问题的意见》（法发〔2009〕16 号）要求，加强专利权司法保护，保障技术创新权益，促进自主创新。从我国国情出发，以国家战略需求为导向，依法保护专利权，根据我国科技发展阶段和产业知识产权政策，确定合理的权利保护范围和强度，平衡好权利人、使用者和社会公众之间的利益格局，强化科技创新活动中的知识产权司法政策导向作用。

7.1.25 《关于加强创新方法工作的若干意见》

科学技术部等部门关于印发《关于加强创新方法工作的若干意见》的通知（国科发财〔2008〕197 号）要求，重视在科学方法研究过程中创造知识产权，推动以我为主形成技术标准。

7.1.26 《高新技术企业认定管理办法》

《高新技术企业认定管理办法》第 10 条第（1）款规定，高新技术企业认定须同时满足以下条件：在中国境内（不含港、澳、台地区）注册的企业，近三年内通过自主研发、受让、受赠、并购等方式，或通过 5 年以上的独占许可方式，对其主要产品（服务）的核心技术拥有自主知识产权。

7.1.27 《关于加强中医药知识产权工作的指导意见》

国家中医药管理局、国家知识产权局《关于加强中医药知识产权工作的指导意见》（国中医药科技发〔2011〕2 号）第四条规定的主要任务为：①加强中医药知识产权法制建设。中医药和知识产权行政管理部门要加强与有关部门的沟通与协调，推动中医药知识产权相关法律法规的立法进程。制定并落实中医药知识产权相关政策与措施，促进中医药产业、科技、教育、贸易等政策与中医药知识产权政策相衔接。②加强中医药知识产权工作指导与服务。知识产权行政管理部门要加强对中医药行业知识产权工作指导，中医药管理部门要完善与中医药知识产权相关的公共服务。③加强中医药知识产权创造和运用。有关部门要在相关政策、项目资金和创新成果知识产权化等方面，引导和支持市场主体创造和运用中医药知识产权。强化中医药科技创新活动中知识产权政策的导向作用，完善中医药科技成果权利归属和利益分享机制。④加强中医药传统知识的保护。支持中医药传统知识的整理和传承，研究建立中医药传统知识管理、保护和利用机制。加强对传统制药、民间医药、道地药材以及民族医药等传统知识富集领域的有效保护，实现中医药传统知识可持续发展。

7.1.28 国家中医药管理局等部门《关于切实加强民族医药事业发展的指导意见》

国家中医药管理局等部门《关于切实加强民族医药事业发展的指导意见》要求，加强民族医药知识产权保护和药用资源保护利用。

7.1.29 《国家中医药管理局关于进一步保持和发挥中医药特色优势的意见》

《国家中医药管理局关于进一步保持和发挥中医药特色优势的意见》（国中医药发〔2006〕67 号）要求，加快保持发挥中医药特色优势的科技进步。

7.1.30 国务院《关于加快培育和发展战略性新兴产业的决定》

国务院于2010年10月1日下发《关于加快培育和发展战略性新兴产业的决定》，根据该决定确定的目标，到2015年，中国战略性新兴产业形成健康发展、协调推进的基本格局，对产业结构升级的推动作用显著增强，增加值占国内生产总值的比重力争达到8%左右。到2020年，战略性新兴产业增加值占国内生产总值的比重力争达到15%左右，吸纳、带动就业能力显著提高。节能环保、新一代信息技术、生物、高端装备制造产业成为国民经济的支柱产业，新能源、新材料、新能源汽车产业成为国民经济的先导产业；创新能力大幅提升，掌握一批关键核心技术，在局部领域达到世界领先水平；形成一批具有国际影响力的大企业和一批创新活力旺盛的中小企业；建成一批产业链完善、创新能力强、特色鲜明的战略性新兴产业集聚区。"再经过10年左右的努力，中国战略性新兴产业的整体创新能力和产业发展水平达到世界先进水平，为经济社会可持续发展提供强有力的支撑"。

7.1.31 《"十二五"国家战略性新兴产业发展规划》

2012年5月30日，国务院常务会议讨论通过《"十二五"国家战略性新兴产业发展规划》。规划指出，发展战略性新兴产业是一项重要战略任务，在当前经济运行下行压力加大的情况下，对于保持经济长期平稳较快发展具有重要意义。《"十二五"国家战略性新兴产业发展规划》面向经济社会发展的重大需求，提出了七大战略性新兴产业的重点发展方向和主要任务。①节能环保产业要突破能源高效与梯次利用、污染物防治与安全处置、资源回收与循环利用等关键核心技术，发展高效节能、先进环保和资源循环利用的新装备和新产品，推行清洁生产和低碳技术，加快形成支柱产业。②新一代信息技术产业要加快建设下一代信息网络，突破超高速光纤与无线通信、先进半导体和新型显示等新一代信息技术，增强国际竞争力。③生物产业要面向人民健康、农业发展、资源环境保护等重大需求，强化生物资源利用等共性关键技术和工艺装备开发，加快构建现代生物产业体系。④高端装备制造产业要大力发展现代航空装备、卫星及应用产业，提升先进轨道交通装备发展水平，加快发展海洋工程装备，做大做强智能制造装备，促进制造业智能化、精密化、绿色化发展。⑤能源产业要发展技术成熟的核电、风电、太阳能光伏和热利用、生物质发电、沼气等，积极推进可再生能源技术产业化。⑥材料产业要大力发展新型功能材料、先进结构材料和复合材料，开展共性基础材料研究和产业化，建立认定和统计体系，引导材料工业结构调整。⑦能源汽车产业要加快高性能动力电池、电机等关键零部件和材料核心技术研发及推广应用，形成产业化体系。规划还提出了20项重大工程。

7.1.32 《中华中医药学会科学技术奖奖励办法》

为了奖励在中医药科学技术进步活动中作出突出贡献的公民、组织，调动广大中医药科学技术工作者的积极性和创造性，促进我国中医药科学技术的发展，提高人民健康水平，中华中医药学会于2009年3月25日常务理事会通过《中华中医药学会科学技术奖奖励办法》，该办法规定了奖励范围、推荐、评审和授奖程序等。

7.2 云南省相关产业政策

7.2.1 《云南省促进民族自治地方科学技术进步条例》

1993年1月7日云南省人民代表大会常务委员会审议通过了《云南省促进民族自治地方科学技术进步条例》，条例规定，为了促进云南省民族自治地方科学技术进步，应当保障民族自治地方的自治机关行使自治权，并且根据民族自治地方的特点和需要，从财政、物资和技术、人才、信息等方面，扶持民族自治地方加速科学技术进步。

7.2.2 《云南省科学技术进步条例》

为促进科学技术进步，发挥科学技术第一生产力的作用，推动云南经济发展和社会进步，1994年11月30日云南省人民代表大会常务委员会审议通过了《云南省科学技术进步条例》，条例规定了对企业和个人开展科学技术研究和创新活动应予支持、鼓励、扶持和奖励，同时规定了相应的奖励措施。

7.2.3 《云南省实施〈中华人民共和国促进科技成果转化法〉若干规定》

1997年12月3日云南省人民代表大会常务委员会通过了《云南省实施〈中华人民共和国促进科技成果转化法〉若干规定》，规定提出，境内外的企业、事业单位和其他科技成果持有者，与云南省企业、事业单位和个人联合实施科技成果转化的，享受国家和云南省的有关优惠政策；设立云南省科技成果转化基金，对从事科技成果转化活动给予相应资助，同时，对从事科技转化活动的，享受相应税收优惠政策。

7.2.4 《云南省专利保护条例》

2005年11月28日云南省人民代表大会常务委员会审议通过了《云南省专利保护条例》，条例的主要目的在于加强专利保护，维护专利权人的合法权益，鼓励发明创造及其推广应用，促进科学技术进步和创新，并制定了相应的办法和措施，条例第十条还规定了对职务发明的奖励办法，具体如下：“对职务发明创造的发明人、设计人和专利技术的主要转化实施者的奖励、报酬，单位与发明人、设计人或者专利技术的主要转化实施者有约定的，从其约定；没有约定的，所在单位应当按照下列规定执行：1. 在发明创造被授予专利权之日起三个月内发给发明人或者设计人奖金，一项发明专利的奖金不低于三千元，一项实用新型专利的奖金不低于一千元，一项外观设计专利的奖金不低于六百元；2. 专利实施取得经济效益后，应当在专利权有效期内，每年从实施该发明专利或者实用新型专利的税后利润中提取不低于百分之五或者从实施该外观设计专利的税后利润中提取不低于千分之五的比例，作为报酬付给发明人、设计人，也可以参照上述比例，发给发明人或者设计人一次性报酬，对主要转化实施者应当给予与其贡献相当的报酬；3. 许可他人实施专利的，许可方应当在取得收益后三个月内从税后收益中提取不低于百分之二十的比例，作为报酬付给发明人或者设计人；4. 专利权转让的，在获得转让收益后三个月内应当从税后收益中提取不低于百分之二十的比例，作为报酬付给发明人或者设计人；5. 采用股份形式以专利技术入股实施转化的，发明人、设计人可以获得不低于该专利技术入股时作价金额百分之二十的股份。”

7.2.5 云南省人民政府《关于加快发展云药产业的决定》

云南省人民政府在2002年底制定了《关于加快发展云药产业的决定》，提出了“将以药用资源为出发点，传统中医药、民族药为基础，用现代医药技术发展包括中药、民族药、天然药的云药品牌，使之成为继烟草工业之后的又一新兴支柱产业。”自此，云南省正式提出了“云药”产业现代化的构想。

7.2.6　《云南省国民经济和社会发展第十二个五年规划纲要》

2011 年 1 月，云南省通过了《云南省国民经济和社会发展第十二个五年规划纲要》，纲要中将生物产业、光电子等产业列为云南省新兴产业的重点领域。针对生物产业，纲要提出，要着力在生物医药、生物育种、生物制造和生物技术服务等领域，实现生物技术与优势生物资源的有机结合，关键技术和重要产品产业化取得突破，把云南省建成国家重要的生物产业基地。

7.2.7　云南省人民政府办公厅《促进生物医药产业发展的若干政策》

2011 年 12 月 21 日，云南省人民政府办公厅发布《促进生物医药产业发展的若干政策》（云政办发〔2011〕12 号），该政策要求：①建立健全有利于生物医药产业发展的市场环境，引导技术、人才、资金等资源向生物医药产业集聚，促进生物医药技术创新与产业化，加速生物医药产业规模化、集聚化和国际化发展；②建立健全以企业为主体、市场为导向、产学研相结合的产业技术创新体系，造就高素质人才队伍，增强产业自主创新能力；③培育一批骨干大型生物医药企业和一大批拥有自主知识产权的创新型中小生物医药企业，形成若干个产业集聚度高、核心竞争力强和专业化分工特色显著的生物医药产业集聚区；④通过努力，到 2015 年，培育 50 户产值超亿元的重点企业，打造单品种销售额 5000 万元以上的 100 个重点品种和 10 个在国内具有较强影响力的大品牌，使云南省生物医药经济总量超过 1000 亿元，其中，医药工业实现工业总产值达到 460 亿元，医药商业实现总销售收入 440 亿元，农业产值超过 100 亿元。中药材种植面积达到 400 万亩以上。

7.2.8　《中共云南省委　云南省人民政府关于实施建设创新型云南行动计划的决定》

《中共云南省委　云南省人民政府关于实施建设创新型云南行动计划的决定》要求，实施建设创新型云南行动计划的目标要求是：①用 5 年左右的时间，通过实施建设创新型云南行动计划，突破一批对烟草、矿业、生物医药、先进装备制造等重点产业、重点企业发展有重大支撑作用的核心技术和关键技术，形成一批具有云南特色和优势的高新技术产业群，应用高新技术改造提升传统产业取得新进展，节能减排先进适用技术、装备在重点行业得到推广应用，建成一批重大科技创新基地；②取得对重点产业、重点领域发展具有重大支撑和引领作用的关键核心技术 300 项；③新增专利授权14 000件，其中发明专利授权 2400 件；④实现 30 家高新技术企业在国内外证券市场上市，形成 150 家创新型企业和 600 家具有云南特色的高新技术企业群，实现创新型企业和高新技术企业年销售收入 3000 亿元、利税 600 亿元以上，占全省工业销售收入比重 30%以上；⑤建成 100 个省级工程技术（研究）中心和省级重点实验室及 180 家省级企业技术中心。

7.2.9 《中共云南省委办公厅　云南省人民政府办公厅关于印发建设创新型云南行动计划任务分解方案的通知》

《中共云南省委办公厅　云南省人民政府办公厅关于印发建设创新型云南行动计划任务分解方案的通知》在中药现代化科技产业（云南）基地建设中要求：①重点实施“中药、民族药科技支撑平台建设”、“中药、民族药基础研究”、“中药、民族药新产品研发”、“中药、民族药现代化生产”、“中药、民族药创新型企业（工业园区）培育”、“中药、民族药创新型人才队伍建设”等六大推进工程，力争在研发平台建设、重大新药研发、自主创新型重点医药企业、中药（天然药物）大品种、医药产品现代化和国际化、医药工业园区建设、人才队伍培养引进等七个方面取得重点突破。（省科技厅牵头，省发展和改革委员会、省财政厅、省经委、省商务厅、省卫生厅、省食品药品监督管理局、省政府发展生物产业办公室、相关州市政府等参与）②创新型企业培育工程。高新技术企业上市培育设立高新技术企业上市培育专项资金，围绕云南省矿冶技术与新材料、生物技术与新医药工程、新能源、电子信息等高新技术重点领域，培育一批高新技术企业在国内外证券市场上市。（省科技厅牵头，省政府金融办、省经委、省财政厅、省政府发展生物产业办公室、中国证监会云南监管局等参与）

7.2.10 《云南省战略性新兴产业发展“十二五”规划》

2012 年 1 月，云南省人民政府办公厅发布《云南省战略性新兴产业发展“十二五”规划》，规划中提出，要将生物医药产业作为云南省“十二五”期间的战略性新兴产业之一进行培育和发展，规划中还对加快培育和发展战略性新兴产业提出了具体的保障措施。由此也可以看出，云南省对于培育和发展生物医药产业发展，提升区域产业竞争力寄予了足够的希望和重视。

7.2.11　《云南省人民政府关于实施质量兴省战略的意见》

《云南省人民政府关于实施质量兴省战略的意见》（云政发〔2010〕125号）要求，围绕实施品牌战略，坚持以市场为导向，形成一批拥有自主知识产权，具有较强国际竞争力的知名品牌和优势产品，提升产品市场竞争力，引领特色优势产业健康发展。引导和鼓励企业积极参与国际、国家标准的制（修）订工作，开展“标准化良好行为”创建活动，将具有自主知识产权的技术和专利及时转化为标准，努力实现“技术专利化—专利标准化—标准产业化”。及时跟踪和掌握国内外先进标准情况，鼓励各行各业参与国内外标准化活动。建立适应经济建设和技术发展需要的技术标准推进模式和运行机制，形成以政府宏观政策为导向，以企业为主体，以高等院校和科研院所为依托，以中介服务机构为桥梁的技术标准研究、制定、推广、实施体系。

7.2.12　《云南省人民政府关于贯彻国家知识产权战略的实施意见》

《云南省人民政府关于贯彻国家知识产权战略的实施意见》（云政发〔2009〕118号）于2009年6月30日发布，为贯彻落实《国务院关于印发国家知识产权战略纲要的通知》（国发〔2008〕18号）精神，实施云南省知识产权战略，提升知识产权创造、运用、保护和管理能力，加快建设创新型云南，促进经济发展方式转变，增强云南省的发展竞争力和可持续发展能力，该文件强调，培育一批知识产权优势企业。在全省大中型企业、国有企业和高新技术企业中，培育形成80户对产业有带动和示范作用的知识产权优势企业，拥有自主知识产权的总量达到3000件以上，具有自主知识产权的产品年销售收入超亿元的企业（集团）达到60户以上，超10亿元的15户以上，80户优势企业拥有自主知识产权的产品年销售收入达到800亿元以上。

7.2.13　《云南省科技厅〈关于贯彻促进生物医药产业发展的若干政策〉的实施意见》

云南省科技厅发布了《云南省科技厅〈关于贯彻促进生物医药产业发展的若干政策〉的实施意见》，为促进云南省范围内生物医药产业的发展，提出了若干扶持、优惠政策和实施意见，借以鼓励和促进云南省生物医药产业的长足发展。

7.2.14 《云南省科技厅关于进一步支持产业技术创新战略联盟发展的通知》

《云南省科技厅关于进一步支持产业技术创新战略联盟发展的通知》要求，设立产业技术创新战略联盟专项资金；对每个试点联盟给予10万元经费补助，支持其制定产业发展技术路线图；凝结产业共性关键技术需求，组织重大科技项目。

7.2.15 《云南省“十二五”知识产权（专利）事业发展规划》

《云南省“十二五”知识产权（专利）事业发展规划》要求，通过5年的努力，实现全省新增专利申请量25 000件，新增发明专利申请量8500件，授权量2500件，重点产业和企业专利申请量、授权量年均增长15%以上，培育认定50户知识产权优势企业等目标。

7.2.16 《云南省知识产权优势企业认定管理办法》

《云南省知识产权优势企业认定管理办法》第5条规定了指标要求：①企业经营状况和成长性良好，上一年度总资产和销售额正增长，资产负债率不超过70%的盈利企业。②企业科技创新能力较强，具备技术创新所必要的研发团队和平台。③拥有核心、关键技术专利，专利布局合理，近三年发明专利申请量和授权量持续增长；发明专利拥有量处于同行业领先水平。④拥有中国驰名商标或者云南省著名商标；拥有一定数量的技术秘密、计算机软件著作权、植物新品种权、集成电路布图设计等其他类别知识产权。⑤近三年专利转化实施率达到50%以上，专利产品、技术和服务（含国家级技术秘密）收入占总销售收入的50%以上。⑥知识产权管理体系健全、制度完善，拥有取得专利代理人资格的管理人员，配备知识产权专职人员，知识产权全员培训率达到100%，知识产权专项经费逐年增加。⑦有效运用知识产权信息平台进行知识产权信息收集、检索和分析，建立主导产品专利信息数据库。⑧建立知识产权保护和预警机制，能够较好地保护自身知识产权，无侵犯他人知识产权的行为。⑨知识产权战略纳入企业总体发展战略，实施效果显著，企业能够积极运用知识产权制度参与国内外市场竞争，对全省企业知识产权工作具有较强的示范带动作用。⑩建立健全知识产权考核评价体系，把知识产权指标纳入企业管理和技术人员业绩考核内容，形成有效的激励机制。

7.2.17　《云南省专利转化实施计划项目管理办法（试行）》

《云南省专利转化实施计划项目管理办法（试行）》第5条规定，项目支持范围主要包括：①专利技术工程化过程中的开发、试验、中试等相关工作；②国内外专利技术的引进（包括转让、五年以上的独占实施许可）及其转化应用；③其他经批准与专利转化实施相关的工作；④项目资助经费由云南省知识产权局和云南省科技厅按照1∶1的比例构成，资助额度原则上不超过30万元。

7.2.18　《关于进一步加强知识产权工作促进技术创新的若干意见》

2001年11月23日，云南省科技厅、云南省知识产权局联合发布了《关于进一步加强知识产权工作促进技术创新的若干意见》，意见提出，要大力加强企业、高等院校、科研单位知识产权工作，建立和完善有利于技术创新的知识产权政策环境，加强对技术创新成果知识产权的管理和保护，建立职务发明创造激励机制，如：专利技术成果在实施转化投产后，发明人或设计人以及转化该专利的主要人员，可从专利技术成果转化产生效益之日起，连续3-5年从所产生的效益中获得不低于该项专利年净收入5%的奖励；采取股份制形式实施专利技术的，在专利权有效期内，职务发明人或设计人、主要实施者从项目实施起3年内，可享有不低于60%的该专利股权收益，3年后可享有不低于40%的股权收益；专利实施转让，专利职务发明人或设计人可获得不低于20%的转让收益。从事专利技术转化的科技人员股权收益，用于高新技术产业化项目投资，在计征个人所得税时给予税基扣除。

7.2.19　《资助向国外申请专利专项资金管理暂行办法》

《资助向国外申请专利专项资金管理暂行办法》第5条规定，专项资金重点资助国外专利申请中保护类型与我国发明专利相同的专利申请。每件专利项目最多支持向5个国家（地区）申请，资助金额为每个国家（地区）不超过10万元，有重大创新的项目除外。第6条规定，专项资金主要用于资助国内申请人向国外申请专利时向有关专利审查机构缴纳的在申请阶段和授予专利权当年起三年内的官方规定费用、向专利检索机构支付的检索费用，以及向代理机构交付的服务费等。

7.2.20 《云南省专利申请费用和年费资助暂行办法》

为鼓励发明创造，激励技术创新，实施专利战略，扶持和引导云南省优势产业和重点技术领域自主知识产权的取得和保护，提高专利的数量和质量，推动高新技术产业的形成和发展，云南省知识产权局、云南省财政厅于2004年7月22日联合发布了《云南省专利申请费用和年费资助暂行办法》，办法规定，设立云南省专利申请和维持资助专项经费，对符合条件的企业和个人在专利申请和维持的过程中给予资助，资助标准为：（1）专利申请和维持费用获得国家知识产权局减免的，按如下标准资助：①职务发明。发明专利申请270元/项，获得授权的发明专利1270元/项、实用新型专利530元/项、外观设计专利380元/项；②非职务发明。发明专利申请135元/项，获得授权的发明专利760元/项、实用新型专利365元/项、外观设计专利215元/项；（2）专利申请和维持费用未获得国家知识产权局减免的，资助额度不超过实际缴纳费用的50%；（3）对获得授权的国外专利实行一次性资助，对同一专利的资助额度不超过3万元。

7.2.21 《云南省中长期科学和技术发展规划纲要（2006—2020年）》

2008年7月23日，云南省人民政府发布了《云南省中长期科学和技术发展规划纲要（2006-2020年）》，纲要提出云南省科学和技术发展目标：到2010年，全省科技发展总体水平进入西部先进行列，生物技术、有色矿冶、磷化工等优势领域在国内领先。科技发展环境进一步改善，科技基础条件平台建设显著增强，科学和技术成为经济社会发展的重要支撑力量。到2020年，科技发展总体水平达到全国中等水平、西部前列，建成具有云南特色的自主创新体系，进入创新型省份行列。同时将中药现代化和民族药开发、重大疾病及传染病药物研制等产业列为优先发展的技术领域。

7.2.22 《云南省自主创新产品认定暂行办法》

2009年3月24日，云南省科技厅和财政厅联合发布了《云南省自主创新产品认定暂行办法》，办法规定，要在高新技术企业认定、创新型试点企业认定、促进科技成果转化和相关产业化政策中对经认定的自主创新产品给予重点支持。

7.2.23 《云南省科技计划项目知识产权管理办法》

云南省科技厅2009年8月21日发布了《云南省科技计划项目知识产权管理办法》，用以加强云南省科技计划的知识产权管理，充分发挥知识产权制度对科技计划的引导、保障和激励作用，促进科技计划成果的知识产权化、转化实施和应用，增强全省科技持续创新能力。

7.2.24 《云南省科学技术奖励办法》

2009年12月10日，云南省人民政府发布了《云南省科学技术奖励办法》，办法规定，设立云南省科学技术奖，包括：①云南省科学技术杰出贡献奖；②云南省自然科学奖；③云南省技术发明奖；④云南省科学技术进步奖；⑤云南省科学技术合作奖共五个类别。云南省科学技术杰出贡献奖、云南省科学技术合作奖不分等级；云南省自然科学奖、云南省技术发明奖、云南省科学技术进步奖分为一等奖、二等奖、三等奖3个等级。对作出特别重要科学发现或者技术发明的公民，对完成具有特别重要意义的科学技术工程、计划项目等作出突出贡献的公民、组织，对在科学技术创业方面作出突出贡献的公民，可以授予特等奖。

7.2.25 《云南省科学技术奖励实施细则（试行）》

2010年6月28日云南省科技厅发布了《云南省科学技术奖励实施细则（试行）》，对《云南省科学技术奖励办法》中规定的云南省科学技术奖的评选、奖励办法等作了进一步的规定和明确。

7.2.26 《云南省生物医药产业发展“十二五”规划》

云南省发展和改革委员会于2011年2月制定了《云南省生物医药产业发展“十二五”规划》，制定了生物医药产业发展的基本思路、目标和主要任务，并制定了一系列的保障措施，以期进一步促进云南省生物医药产业的更进一步发展。

7.3 北京市相关产业政策

7.3.1 《北京市专利保护和促进条例》

北京市人大常委会于2005年5月20日通过了《北京市专利保护和促进条例》，条例制定的主要目的在于保护发明创造专利权，鼓励发明创造，有利于发明创造的推广应用，促进科学技术进步和创新。为促进专利的申请和应用实施，条例中明确规定了多项财政、税收及其他方面的优惠措施和奖励办法，以鼓励发明专利申请和成果转化。

7.3.2 《北京市科学技术奖励办法》

2002年4月11日，北京市人民政府发布了《北京市科学技术奖励办法》，2007年3月7日进行了第一次修改，2010年8月13日进行了第二次修改，办法规定，北京市人民政府设立北京市科学技术奖，用于奖励北京市行政区域内对科学技术创新和发展作出突出贡献的组织和个人，重点奖励在本市国民经济和社会发展规划纲要确定的重点发展行业和科技发展重点领域中取得的技术成果、采取产学研联合创新机制研究开发并在本市实施应用的技术成果、拥有自主知识产权或者形成国家或者国际标准的技术成果等。奖励范围包括：①通过原始创新、集成创新、引进消化吸收再创新取得的技术成果，应用于经济建设和社会发展，拥有自主知识产权，并取得较大经济效益或者社会效益的；②在产品、工艺、材料等方面研究开发共性技术和关键性技术，实施后取得较大经济效益或者社会效益的；③在转化、推广科技成果并使之产业化中，取得显著经济效益或者社会效益的；④在科学技术基础性工作和社会公益性科学技术事业中取得较大经济效益或者社会效益的；⑤阐明自然现象、特征、规律，在学术上有新见解，得到国内外学术界公认的基础研究成果，对科学技术发展具有重要价值的；⑥研究成果对推动决策科学化和管理现代化，促进科技、经济与社会协调发展起重大作用的；⑦外国组织或者个人同本市的组织或者个人合作研究、开发的重大科学技术成果；⑧对提高公众的科学文化素养具有明显成效的科普作品。科学技术奖分设重大科技创新奖、一等奖、二等奖、三等奖，奖金数额由科学技术行政部门会同财政部门确定。

7.3.3 《北京市发明专利奖励办法》及实施细则

2007 年 5 月 16 日，北京市人民政府办公厅发布了《北京市发明专利奖励办法》及其实施细则，由北京市人民政府设立“北京市发明专利奖”，对在北京市行政区域内具有重大经济社会效益的发明专利予以表彰。办法规定，重点奖励符合下列条件之一的发明专利：①属于本市国民经济和社会发展规划纲要确定的重点行业或重点领域，并取得显著经济效益或社会效益的；②对解决产业结构调整、经济增长方式转变、节能降耗减排，以及城市运行、管理和安全，交通拥堵等本市面临的现实疑难问题起到重要作用的；③对形成国家标准或国际标准发挥主要作用的。发明专利奖设一、二、三等奖，其中：①一等奖 5 项，每项奖励人民币 20 万元；②二等奖 15 项，每项奖励人民币 10 万元；③三等奖 30 项，每项奖励人民币 5 万元。对国民经济和社会发展有重大贡献的发明专利授予特别奖，授奖数 1 项，奖励人民币 100 万元。

7.3.4 《北京市鼓励在京设立科技研究开发机构的规定》

2002 年 8 月 26 日，北京市政府颁布了《北京市鼓励在京设立科技研究开发机构的规定》，为鼓励各类科研机构在北京市设立并开展科研活动，该规定针对科研机构在税收、科研经费等方面制定了相应的优惠措施。其后，北京市科学技术委员会、财政局联合下发了《北京市科技研究开发机构自主创新专项资金实施办法》，设立“科技研究开发机构自主创新专项资金”，对符合以下条件的科研机构进行资助：①研究开发、拥有自主知识产权或核心技术成果，并应用于经济建设或社会发展，取得显著经济效益或社会效益；②采取有利于高效利用与优化配置科技资源，以企业为主体、市场为导向、产学研结合的自主创新的机制与模式进行研究开发或成果转化活动，且效果显著。

7.3.5 《北京市专利实施资金管理办法》

2002 年 2 月，北京市知识产权局颁布实施了《北京市专利实施资金管理办法》，办法规定，由财政设立专利实施资金，对具备实施条件，但实施专利确有困难的企业、科研院所、高等学校及其他社会团体给予资助，以促进专利的实施和成果转化，具体的使用范围包括：资助有市场前景的专利技术产业化；资助科技含量高、创新性强的专利技术产品开发；组织资助专利技术的推广应用；专利技术实施的管理。资助的额度，除重大专利发明外，实用新型专利不超过 20 万元；发明专利不超过 30 万元。

7.3.6 《北京市专利申请资助金管理暂行办法》

2008年6月25日，北京市知识产权局联合财政局共同颁布实施了《北京市专利申请资助金管理暂行办法》，同时废止了《北京市专利申请资助奖励办法》，新办法扩大了专利申请资助金的申请人范围，资助金资助范围调整为：①向国内申请的发明专利、实用新型专利和外观设计专利的申请费、实质审查费、附加费；②资助金主管部门认为有必要资助的其他专利费用；③通过PCT途径或其他途径向外国申请发明专利的部分申请费用。以下项目申请专利可优先获得资助：①列入本市重点发展计划以及重点发展领域的项目；②高新技术、技术改造项目；③北京市专利试点单位、示范单位的项目；④发明专利。资助标准分别按照北京市专利试点单位、北京市专利示范单位以及其他单位和个人规定了不同的标准，对申请国际专利的资助标准也重新进行了调整，对专利年申请量超过100件的，还增加了资助标准。

7.3.7 《北京市专利商用化促进办法》

北京市知识产权局于2010年6月颁布实施了《北京市专利商用化促进办法》，办法对以下专利商用化行为给予资助：①专利权人以取得实际货币收入为目的，将专利权转让给受让方，并依法办理了权属变更登记的专利转让行为；②专利权人以取得实际货币收入为目的，允许他人实施其专利技术的专利许可行为。专利转让或一次专利许可行为的资助标准为：①交易额超过500万元的，资助金额为超出部分的5%，最高资助限额为50万元；②受让人或被许可人是注册地为北京的法人企事业单位的，资助金额为第①项的两倍，最高资助限额为100万元。

7.3.8 《北京经济技术开发区科技创新专项资金管理办法实施细则（试行）》

该细则设立“科技创新专项资金”，对开发区范围内的企业进行的技术研发、自主知识产权和成果转化等科技创新活动进行支持，支持项目有：①对符合获得国家、北京市或中关村科技园区重点支持的技术研发项目，按1：1的比例给予最高不超过500万元的资金支持；对未获得前述支持，但符合管理办法和《实施细则》规定的支持条件，并通过专家评审的技术研发项目，视企业研发投入或产业化情况，以投入的自有研发资金额度为基础，给予最高不超过300万元的资金支持；对于被认定为国家级企业技术中心、工程中心和研发中心的企业，一次性给予 100 万资金支持；对于被认定为北京市级企业技术中心、科技研究开发机构的企业，一次性给予 50 万元资金支持。②对符合管理办法和《实施细则》规定的支持条件并通过专家评审的自行研发的成果转化项目或非关联单位之间的技术成果转让项目，可视项目情况给予最高不超过 500 万元的资金支持。③对获得授权的国内发明、实用新型、外观设计专利，每项分别给予 2 万元、8000 元、2000 元的支持；对获得授权的国外专利，每项给予 10 万元的支持；对于获得集成电路布图设计、中药或植物新品种权授权，每项给予 2000 元的支持；对于获得软件著作权授权的，每 5 项给予 1000 元的支持。④对于企业利用已在国内授权专利进行生产的，给予该专利当年应缴维持费用 100%的支持；对于企业通过 PCT 方式获得的国外授权专利实现年出口额 100 万美元以上的，给予该出口国专利当年应缴维持费用 60%的支持。

7.3.9　《中关村国家自主创新示范区发展专项资金管理办法》

北京市财政局与中关村国家自主创新示范区于 2011 年联合制定了《中关村国家自主创新示范区发展专项资金管理办法》，在中关村国家自主创新示范区设立发展专项资金，重点用于园区创新环境建设、支持中小企业创新创业孵化、培育高成长企业、做强做大企业、人才特区建设以及市政府确定重点扶持方向的其他支出。

7.3.10　《中关村国家自主创新示范区新技术新产品（服务）应用推广专项资金管理办法》

2011 年，中关村国家自主创新示范区制定了《中关村国家自主创新示范区新技术新产品（服务）应用推广专项资金管理办法》，设立中关村新技术新产品（服务）应用推广专项资金，用于支持：经中关村创新平台认定，获得中关村新技术新产品（服务）证书的企业；经中关村创新平台认定为中关村首台（套）重大技术装备试验、示范项目的企业；未经中关村创新平台认定，但其自主研发的新技术新产品（服务）应用在国家、省级重大示范项目中的企业。

7.3.11 《中关村国家自主创新示范区产业技术研究院支持资金管理办法》

2011 年，中关村国家自主创新示范区制定了《中关村国家自主创新示范区产业技术研究院支持资金管理办法》，设立中关村国家自主创新示范区产业技术研究院支持资金，用于与北京市政府签约或北京市政府授牌的中关村科学城项目建设单位建立的产业技术研究院在产学研等方面给予支持，同时制定了具体的支持措施。

7.4 山东省相关产业政策

7.4.1 《山东省知识产权促进条例》

2010 年 5 月 30 日，山东省人大常委会审议通过了《山东省知识产权促进条例》，通过立法的形式，制定知识产权创造、应用、保护和管理过程中的一系列激励、扶持和保护措施，以促进山东省知识产权的创造、运用、保护和管理，增强自主创新能力，推动经济社会全面可持续发展。

7.4.2 《山东省科学技术奖励办法》

山东省人民政府于 2002 年 4 月 5 日发布了《山东省科学技术奖励办法》，此后于 2006 年 6 月 12 日发布了新的《山东省科学技术奖励办法》。办法规定，山东省人民政府设立省科学技术奖，每年度评审一次。省科学技术奖分为省科学技术最高奖、省自然科学奖、省技术发明奖、省科学技术进步奖和山东省国际科学技术合作奖。省科学技术最高奖和山东省国际科学技术合作奖不分等级。省自然科学奖、省技术发明奖和省科学技术进步奖设一等奖、二等奖和三等奖三个等级。省科学技术最高奖每年授奖人数不超过 2 名。山东省国际科学技术合作奖每年授奖数量不限。省自然科学奖、省技术发明奖和省科学技术进步奖每年授奖项目总数不超过 500 项。资金数额为：①省科学技术最高奖的奖金为每人 100 万元；②省自然科学奖、省技术发明奖和省科学技术进步奖一等奖、二等奖、三等奖的奖金分别为 10 万元、5 万元、2 万元。

7.4.3 《山东人民政府关于加快中药现代化发展的意见》

山东省人民政府于2003年5月14日颁发了《山东人民政府关于加快中药现代化发展的意见》，提出了力争到2010年建立若干个中药现代化科技产业示范园、若干个中药科技企业孵化器、国家工程研究中心和中药市场，开发10个以上创新中药品种，实现产业化；培育一批大型中药企业，实现中药产业增加值和效益的增长速度高于全国平均水平等发展目标。意见提出了加快中药现代化发展的建议和保障措施，同时对政府和企业加大对中药产业的投入提出了明确的要求并制定相应的鼓励和奖励措施。

7.4.4 《山东省人民政府关于进一步加快中医药事业发展的意见》

2003年12月10日，山东省人民政府再次下发《山东省人民政府关于进一步加快中医药事业发展的意见》，对山东省加快工医药事业的发展在推进中医药继承与创新、加快现代化、产业化进程、完善发展中医药的优惠政策等方面，提出了建议和措施。

7.4.5 《山东省生物产业发展规划（2008-2012）》及《山东省关于促进生物产业加快发展的指导意见》

2008年山东省政府先后发布了《山东省生物产业发展规划（2008-2012）》及《山东省关于促进生物产业加快发展的指导意见》，将生物制药产业列为山东省重点发展的产业之一，并对促进产业的发展提出了明确的意见、建议和发展保障措施。

7.4.6 《山东省医药工业调整振兴指导意见（2009-2011）》

2009年山东省政府制定并发布了《山东省医药工业调整振兴指导意见(2009-2011)》，由于2008年爆发的国际金融危机，对医药行业的发展造成了一定程度的影响，为积极应对危机，振兴山东省医药行业，制定了相应的政策措施，以应对金融危机的冲击，促进医药行业的发展。

7.4.7 《山东省中药产业调整振兴指导意见》

山东人民政府办公厅也于2009年制定发布了《山东省中药产业调整振兴

指导意见》，为在国际金融危机下巩固和发展山东省中药产业优势，制定了明确的产业发展重点和政策措施，以应对金融危机的冲击，促进中药产业的发展。

7.4.8 《山东省人民政府关于扶持中医药事业发展的意见》

为贯彻落实《中共中央国务院关于深化医药卫生体制改革的意见》和《国务院关于扶持和促进中医药事业发展的若干意见》，2009 年 7 月 23 日，山东省人民政府制定发布了《山东省人民政府关于扶持中医药事业发展的意见》，在推进中医药继承与创新、提升中药产业发展水平、完善扶持中医药事业发展的优惠政策等方面，提出了相应的意见和措施。

7.4.9 《关于促进新医药产业加快发展的若干政策》

2010 年，山东省政府制定了《关于促进新医药产业加快发展的若干政策》，确定了现代中药等重点发展产业，该政策中还明确了设立新医药发展专项资金，在 2010 年到 2012 年，每年省级财政安排一定数量的资金，用于重大创新药物和技术研发成果奖励和新药产业化、优势产品提升、中药材基地建设的项目补助。为保障产业的发展，政策中还提出其他方面的扶持政策，如融资、用地、税费等扶持和优惠办法，同时制定了保障产业发展的具体保障措施。

7.4.10 《山东省专利发展专项资金管理办法》

2006 年，山东省知识产权局和财政局联合颁发了《山东省专利发展专项资金管理暂行办法》，由省级财政预算设立山东省专利发展专项资金，用于对专利申请人或专利权人在专利申请和维护、专利管理、专利保护及专利实施等方面的专项资助资金。资助标准为：①专利申请和维护：国内发明专利（申请）每件最高资助 3000 元，其中，申请阶段最高资助 500 元（主要包括：检索费、申请费），实质审查阶段最高资助 1000 元（主要包括：实质审查费），获授权后最高资助 1500 元（主要包括：登记费、授权后第一年年费）；②实用新型和外观设计专利申请授权后，每件最高资助 800 元；③国内职务发明专利申请授权后第二年、第三年年费按实际发生额资助；④向国外及中国港澳台地区申请专利的资助，每件每个国家（地区）最高资助30 000元，其中，在进入申请国家（地区）审查程序后最高资助20 000元（主要包括：

检索费、申请费、实审费），获授权后最高资助10 000元（主要包括：年费），对同一件发明创造向多个国家（地区）申请专利的，最多资助五个国家（地区）。

2009 年，山东省知识产权局和财政局联合颁布实施了修订后的《山东省专利发展专项资金管理办法》，对《山东省专利发展专项资金管理暂行办法》中的部分内容重新进行了修改和调整，其中，专项资金补助标准调整为：①专利创造：国内授权发明专利，每件资助 4000 元；按照专利合作条约（即 PCT）提出的国际申请，依据申请 PCT 国际阶段相应收费标准，单位、个人每件分别资助10 000元、4000 元；国外授权发明专利，每件每个国家资助20 000元，对同一件发明创造在多个国家获发明专利权的，最多按五个国家予以资助。②与专利相关的知识产权管理：在全省企业、科研机构、大专院校中，每年择优选取 15 家单位，分别给予 10 万元的专项资金支持；获得中国专利金奖和山东省专利奖一等奖的项目，分别按 10 万元、3 万元给予奖励；在专利申请质量和申请数量提高的前提下，对当年专利申请量、专利申请量增长幅度和发明专利占申请量的比例居全省前 3 位的市和前 5 位的县（市、区），分别给予 10 万元、5 万元的奖励。

7.4.11　《山东省专利奖评奖办法》

2010 年，随着《山东省知识产权促进条例》的颁布实施，山东省知识产权局发布了《山东省专利奖评奖办法》，由山东知识产权局设立专利奖，对符合相应标准的专利进行奖励，专利奖设一等奖、二等奖、三等奖。一等奖不超过 10 项，二等奖不超过 20 项，三等奖不超过 60 项。

7.4.12　《山东中医药科学技术奖励办法》

山东中医药学会于 2004 年 2 月 5 日制定了《山东中医药科学技术奖励办法》，办法规定，由山东中医药学会设立山东中医药科学技术奖，授予在中医药基础研究、应用研究和开发研究中取得优秀成果的集体和个人，每年设奖励项目不超过 100 项，共分一等奖、二等奖、三等奖 3 个等级，每年评审、奖励 1 次，奖励范围是中医药基础、应用基础研究、应用研究中取得的新观点、新学说、新理论及中医药应用、开发研究中取得的新方法、新方案、新产品、新技术、新材料等成果。

7.5 预警分析小结

7.5.1 北京市三七专利申请量领先原因

7.5.1.1 为研发机构在北京设立提供优势支持

北京市政府为鼓励在京设立科研开发机构，增强区域创新能力，对科研机构在设立、经营过程中在关税、营业税、所得税、契税等税收上，给予了非常大的优惠，对科研机构的设立和开展科研活动具有非常大的促进作用。加上在专利申请、实施和商业化方面的各类奖励、扶持措施，对科研机构发展壮大其作用无疑是巨大而具有实际意义的。

7.5.1.2 科研院校研发能力较强

北京作为全国政治、文化、科技、教育中心，聚集了众多的科研院所和人才，拥有丰富的先发优势和资源要素，从而使北京市具备了较强的研发实力，在专利的研发和申请上占据了先天优势。从申请人排名中可以看出，北京市三七专利申请人中，绝大多数都为科研院所，这与2002年8月26日，北京市政府颁布《北京市鼓励在京设立科技研究开发机构的规定》有一定的关联性。

从整体上看，北京市在研发机构和人员方面，具备了较强的实力，保证了北京市在专利研发和申请上处于优势地位。

7.5.1.3 北京从立法层面促进专利发展

北京市各级政府和行政主管部门在专利申请、实施和商业化方面制定的各类优惠、奖励、扶持政策和措施，尤其注意的是，此类优惠政策除北京市人大常委会颁布的《北京市专利保护和促进条例》外，《北京市科学技术奖励办法》、《北京市发明专利奖励办法》及其实施细则等均为地方人民政府颁布的，其法律效力仅次于地方条例，与地方部门规章相比效力较高，此种立法能解决部门之间相互脱节和不协调性，对实施的结果具有一定的保证作用。

而云南省人大常委会的立法为《专利保护条例》，专利保护和促进有不同的内涵，对产业带动作用也明显不同。

7.5.1.4 北京对专利转化专门立法具有一定借鉴意义

我国专利转化是专利运用中最难解决的问题，专利转化多年保持较低，北京市为解决专利转化和促进转化，专门实施《北京市专利商用化促进办法》，尤其规定“受让人或被许可人是注册地为北京的法人企事业单位的，资助金额最高达 100 万元。”

7.5.2　山东省三七专利申请量领先原因

7.5.2.1　地方性法规立法在全国具有一定超前性

2010 年 5 月 30 日山东省第十一届人民代表大会常务委员会第十七次会议通过的《山东省知识产权促进条例》，其范围为“知识产权，是指专利权、商标专用权、著作权、植物新品种权、集成电路布图设计专有权、商业秘密、地理标志以及法律、法规规定的其他知识产权。”将该促进条例的范围扩大至除专利以外的其他所有知识产权，任何知识产权之间均具有密切联系和不可分割性，知识产权全面协调发展能保证专利创造、运用、管理和保护的合理性。

医药产业系山东省的一大重要支柱产业，在山东省国民生产总值中占有相当比重，山东省政府对医药行业的发展一直都非常重视。山东省三七专利申请量领先，除对专利发展给予相应资助外，最重要的原因在于，山东省政府多年来对医药行业尤其是中医药产业的鼓励和扶持，从而促进了山东省中医药专利申请数量的大幅提升。

7.5.2.2　山东省对个人奖励数额较高

山东省科学技术最高奖的奖金为每人 100 万元；省自然科学奖、省技术发明奖和省科学技术进步奖一等奖、二等奖、三等奖的奖金分别为 10 万元、5 万元、2 万元。而《云南省科学技术奖励办法》规定，云南省科学技术杰出贡献奖由省长签署并颁发证书和奖金。奖金数额 300 万元，其中 40 万元属获奖者个人所得，260 万元由获奖者用作科学技术研究经费，并按照省科学技术计划项目进行管理。云南省自然科学奖、云南省技术发明奖、云南省科学技术进步奖由省人民政府颁发证书和奖金。奖金数额分别为：特等奖 25 万元，一等奖 15 万元，二等奖 8 万元，三等奖 3 万元。技术创新主要依赖于带头人的学术水平和积极性，因此，激发云南省带头人的创造性至关重要。

7.5.2.3　协会发挥重要作用

山东中医药学会为了调动山东省中医药行业各级专业技术人员从事中医、中药、中西医结合科学技术研究、科技成果转化、科技成果推广应用的积极性，推动中医药科学技术的创新与发展，由山东中医药学会设立山东中医药科学技术奖，授予在中医药基础研究、应用研究和开发研究中取得优秀成果的集体和个人。

7.5.2.4 新药占有率较高

近几年山东省生物医药产值以25%左右的速度递增，居全国第一位。山东省在国内率先开发出三苯双脒、阿德福韦酯、恩度、白介素-11衍生物等多个国家一类新药。2009年生物技术药品销售额突破200亿元。重组人粒细胞集落刺激因子、重组人白介素-11、重组瑞替普酶、基因工程唾液酸、基因工程二十二碳六烯酸、重组人神经生长因子、重组人红细胞生成素、重组人组织型纤溶酶原激酶衍生物、重组人血管内皮抑制素、人血白蛋白等生物药物，市场占有率均居全国第一位。

7.5.2.5 骨干企业实力较强

2009年山东省有17家企业进入全国医药工业百强行列，总数列全国第一，威海威高、齐鲁制药、瑞阳制药、山东药玻、山东步长等5家企业排名进入前30名。截至2010年年底，销售收入过亿元的企业80家，过五亿元的企业26家，过10亿元的企业20家，过20亿元的企业10家，过30亿元的企业5家，过40亿元的企业3家，齐鲁制药达到50亿元，威海威高突破100亿元。威海威高、齐鲁制药、新华制药、鲁抗医药、鲁南制药、瑞阳制药、东阿阿胶等一批具有核心竞争力的企业成为带动全省生物医药产业发展的骨干力量。

尽管前述与三七医药无明显联系，但体现出山东与云南差距主要在于企业产品和综合能力的比较方面。

7.5.3 影响云南三七医药专利增加的原因

7.5.3.1 申请人研发能力薄弱

云南医药科技创新体系尚不完善，企业创新意识不强，支持创新的金融服务环境差。缺乏与市场经济相适应的科技创新资源的配置机制和服务环境，科技成果市场化水平低，以企业为主体的产、学、研创新体制机制尚未形成。

技术创新投入不足，缺乏支撑发展的关键核心技术。2010年，云南全年科学研究与开发（R&D）经费支出46亿元，占全省GDP的0.65%，低于全国1.7%的平均水平。全省大中型企业研发投入为13.1亿元，仅占企业营业收入的约0.4%，占全国平均数的1/3。这说明云南省医药企业技术原始创新与集成能力薄弱，缺乏关键核心技术和自主知识产权，且知识产权产业化转化率低。

7.5.3.2 自主研发动力不足

首先，云南申请人对政府依赖性较强，导致投入明显不足；其次，云南创新创业人才队伍总量不足，高层次、高水平的领军人才、产业人才匮乏，分布和结构失衡。过去10年，云南人才增幅3.1%，同期，四川6.8%、江西11%、湖南6%，与其他省份相比云南人才增幅较慢。2009年全省人才资源总量约为250万人，仅占全省人口的5.5%，低于全国平均水平3.1个百分点。

7.5.3.3 政策制定重复，财政支持有待加强

云南省政策体系不完善，扶持力度不够，很多政策制定后落实不到位。如有企业反映原驰名商标奖励100万元，但实际到位仅50万元。企业发展中迫切需要政府支持、解决的共性问题（如药品集中招标采购、省内医保目录、基本药物目录增补等）没能在政策和制度层面加以解决。

7.5.3.4 云南未发挥行业协会作用

云南应当借鉴山东省的经验，应当加强医药行业协会建设并发挥作用，尤其在行业专利预警、产业政策制定、产业立法、行业专利战略联盟、品牌危机处理、人才培养、重大技术奖励等方面为企业提供更多服务。

7.5.3.5 核心竞争力缺乏

云南医药企业规模普遍较小，同质化竞争较为突出，企业自身在人才、品种、技术、管理、资本、市场等资源配置方面结构性矛盾突出，企业核心竞争力不强。目前仅白药、昆药、康王和药物研究所（金品）等少数企业产品在全国知名度较高；云南整体医药技术力量仍薄弱。

第8章

三七相关专利诉讼信息

通过各种方式检索和收集，笔者共得到与三七相关的典型案件 5 件，分析典型案件得到的启发是：权利人应当采取有效措施保护自主知识产权，维护企业的合法权益。

8.1 昆明制药公司与黑龙江省珍宝岛制药有限公司确认不侵犯专利权纠纷案

【案　　号】(2004) 黑知终字第 8 号

【争议焦点】(1) 珍宝岛制药公司生产、销售的注射用血塞通（冻干）产品，是否侵犯了昆明制药公司发明的“三七皂甙粉针剂”、“皂甙类粉针剂注溶剂”的专利权；

(2) 昆明制药公司给珍宝岛制药公司发函和在报刊上发表声明的行为对珍宝岛制药公司的生产经营活动、商誉是否构成影响和损害；

(3) 哈尔滨市中级人民法院对此案是否有管辖权。

【法院观点】昆明制药公司是 ZL96101652.3 号“三七皂甙粉针剂”、ZL96107464.7 号“皂甙类粉针剂注溶剂”发明专利的权利人，依法应受到法律的保护。任何单位或个人未经专利权人许可，为生产经营目的制造、销售、使用的产品，落入专利保护范围，系侵权行为。关于珍宝岛制药公司生产、销售的注射用血塞通（冻干）产品，是否侵犯昆明制药公司“三七皂甙粉针剂”、“皂甙类粉针剂注溶剂”专利权的问题。根据专利法规定，发明专利的保护范围以其权利要求的内容为准，说明书及附图可以用于解释权利要求。昆明制药公司的发明专利“三七皂甙粉针剂”，权利要求书中所列必要技术特征为“三七皂甙含量 50%-99.5%”。可以理解为专利保护范围，即药品的主要成分三七皂甙含量在标定的幅度以内。珍宝岛制药公司按照《国家药品监督管理局标准（试行）》，生产销售的注射用血塞通（冻干），主要成分为：人参皂苷 Rg1 为标示量的 25%-45%，人参皂苷 Rb1 为标示量的 30%-40%，三七皂苷 R1 为标示量 5%-15%，与昆明制药公司的专利特征有较大差别。由于药品的主要成分及含量不同，产生的功能和效果、适用范围也会不同，亦不构成相同或等同，应认定珍宝岛制药公司的注射用血塞通（冻干）产品没有落入昆明制药公司“三七皂甙粉针剂”发明专利的保护范围，不构成侵权。昆明制药公司的发明专利“皂甙类粉针剂注溶剂”，权利要求书中所列必要技术特征为5%的丙二醇、25%的正丙醇和70%的水组成。注射用溶媒除注射用水、注射用油以外，通常所用的即是乙醇、甘油、丙二醇、聚乙二醇、油酸乙酯等，可任意组合。昆明制药公司的专利特征为丙二醇、正丙醇及水，这三种成分及所占特定比例，构成了其专利保护范围。珍宝岛制药公司的专用溶剂为30%的乙醇和70%的水组成，昆明制药公司对此没有提出异议，这个成分和比例与其公司专利保护的范围不同，没有落入专利保护范围，不构成侵权。

关于昆明制药公司给珍宝岛制药公司发函和在报刊上发表声明的行为是否影响和损害了该公司的生产经营、商誉的问题。昆明制药公司给珍宝岛制药公司发函，指责该公司侵犯其专利权，并在专业报刊上发表“严正声明”，目的在于阻止该公司生产销售注射用血塞通（冻干），客观上其行为对该公司的生产经营活动及商誉已经造成一定影响和损害，对此法院予以确认。珍宝岛制药公司为此启动司法救济程序，澄清案件事实，请求确认其生产销售注射用血塞通（冻干）产品的合法性、亦未侵犯昆明制药公司的专利权的证据充分，于法有据，应予支持。

关于昆明制药公司提出管辖权异议的问题，该公司对哈尔滨市中级人民法院下发的（2003）哈民五初字第71-1号民事裁定书即“驳回昆明制药公司对本案管辖权提出的异议”没有提出上诉，其主张不予支持。

8.2 黄天贵诉王树才、杨德元合伙种植合同纠纷抗诉案

【案　　号】（1997）文中经再字第4号。

【争议焦点】1988年9月25日，被申诉人王树才与杨德元签订了一份《联营种植三七合同书》，该合同规定有甲乙丙三方，甲方系杨德元，负责技术管理、资金保管使用。如果出现技术方面的问题，使三方受损失，或者因资金管理不善造成损失，由甲方负责。乙方系黄天贵，负责实地投劳投工、看管等方面的工作。若出现人为的三七棚倒塌、被烧、三七被盗等问题，由乙方负责。丙方系王树才，负责投放种七经费，如果出现资金跟不上种七节

令，影响种植时机并造成损失，由丙方负责赔偿损失。合同还规定，“成果分成根据三方共同协商，按照收支相抵后的总额三方各占一份的分配办法进行，若有其它责任承担也实行各占一份的承担处理”。在合同签订前，被申诉人王树才、杨德元曾商量过叫黄天贵来当小工看三七。在签订种植合同时，黄天贵未在场，杨德元私自代黄天贵与王树才签字盖印。事后口头告诉过黄天贵，黄天贵表示不同意，只承认以小工身份帮助看守三七，并从杨德元处领取过 30 个月的小工费 3600 元。从 1988 年 11 月 23 日至 1989 年 2 月 3 日，王树才共投资 3 万元给杨德元种植三七，由于杨德元经营管理的三七连年得病、烂根、晒死，种植经营三七期间未建立账目和结算，造成损失，王树才的投资款分文没有收回。1994 年 12 月 12 日，王树才向邱北县法院起诉，要求杨德元、黄天贵赔偿损失45 330. 67元。

【法院观点】由于联营期间未建立收支账目，没有结算过，账目不清，加之原种植三七的原始现场已改变，无法查清，该院（1995）邱经初字第 2 号判决以“事实不清，证据不足”为由驳回王树才的诉讼请求。王树才不服一审判决，上诉于文山州中级人民法院。文山州中级人民法院审理认为：“杨德元、黄天贵、王树才所签订的合伙种植三七合同，是三方协商后自愿签订的，意思表示真实，属有效协议，应受法律保护，按杨德元在合伙种植三七期间作的流水账进行审查认定。三人合伙种植三七期间的支出总额为51 492. 84元，但杨未提供收入账，故支出的51 492. 84元，应为三人合伙期间的亏损，应由三人共同承担，每人承担的亏损额为17 164. 28元，但黄天贵在合伙期间未投入资金，且王树才投入的资金已超出其应承担的亏损额，其超出部分的金额，应由合伙人黄天贵负责补偿。”

8.3　柳州两面针股份有限公司与南宁市郁勃美容化妆品有限公司技术秘密转让合同纠纷案

【案　　号】（2006）桂民三终字第 8 号。

【争议焦点】（1）郁勃公司转让给两面针公司的“七芷红祛斑面膜”技术是否完整、无误、有效，具有实用性、可靠性，符合转让和生产条件？（2）两面针公司单方通知解除合同是否构成违约及应否承担 200 万元违约责任？

【法院观点】关于郁勃公司转让给两面针公司的“七芷红祛斑面膜”技术是否完整、无误、有效，具有实用性、可靠性，符合转让和生产的条件。《合同法》第347条规定，技术秘密转让合同的让与人应当按照约定提供技术资料，进行技术指导，保证技术的实用性、可靠性，承担保密义务。第349条规定，技术转让合同的让与人应当保证自己是所提供的技术的合法拥有者，并保证所提供的技术完整、无误、有效，能达到约定的目标。本案郁勃公司转让给两面针公司的“七芷红祛斑面膜”技术已在南宁进行了小范围的试生产，其产品先后经广西壮族自治区卫生防疫站和中国预防医学科学院环境卫生监测所进行了卫生安全性检验，各项检验结果均符合《化妆品卫生规范》的规定。2002年2月22日，“七芷红祛斑面膜”产品又经广西壮族自治区健康相关产品评审委员会评审，评审意见为：“七芷红祛斑面膜”产品符合《化妆品卫生监督条例》的有关规定，并认为该产品各项质量和卫生学指标均符合有关标准规定。”评审结论为：“该产品符合申报特殊用途化妆品的有关技术要求。”2002年12月18日，郁勃公司领取了卫生部下发的卫妆特字(2002)第0826号国产特殊用途化妆品卫生许可批件。从上述事实看，郁勃公司转让给两面针公司的“七芷红祛斑面膜”技术是能够生产出产品，产品经检验是符合《化妆品卫生规范》、《化妆品卫生监督条例》的规定的，且根据《化妆品卫生监督条例实施细则》第14条规定：特殊用途化妆品批准文号为该产品的生产凭证；特殊用途化妆品证书为研制凭证，可用于该产品的技术转让。郁勃公司已取得卫生部颁发的特殊用途化妆品卫生许可批件，该许可批件是该技术可以进行转让并进行产品生产的凭证。

上诉人两面针公司上诉认为郁勃公司转让的“七芷红祛斑面膜”技术不具有合同法规定的实用性、可靠性、完整性和有效性，不能正常进行工业化生产，但并没有提供充分的证据证实。其在一审提供的配方试验单和照片，不能作为认定本案的依据。第一，配方试验单既没有郁勃公司的人员签字，也没有两面针公司工作人员的签名，而郁勃公司对该证据又不予认可；照片中的物质，看不出是何物，不能证实与该案的关联性。第二，虽然合同没有明确禁止两面针公司在使用郁勃公司转让的“七芷红祛斑面膜”技术进行规模生产前做试验，但两面针公司要通过实验证实郁勃公司转让的“七芷红祛斑面膜”技术能否生产出合格产品，必须严格按照郁勃公司转让的技术配方和工艺流程进行试验，但两面针公司没有提供充分的证据证实其完全按照郁勃公司转让的技术配方和工艺流程进行了试验，其提供的没有任何人签字的配方试验单也表明，两面针公司即使做了试验，也是在改变了配方比例或新添了物质的基础上做的。第三，本案郁勃公司转让给两面针公司的技术属于化妆品技术，对于化妆品产品，我国目前除《化妆品卫生规范》对化妆品的标准作了规定外，对产品的质量并没有其他国家强制性的标准，上诉人也没有举证尚有其他强制性标准，双方在合同中对技术指标和参数的约定是产品应具有良好的稳定性，各项理化指标符合相应国家标准、行业标准及企业标准的要求。本案中，郁勃公司已提供充分的证据证实其转让的“七芷红祛斑面膜”技术生产的产品符合《化妆品卫生规范》的国家标准和郁勃公司的企业标准，而两面针公司既没有证据证实其已使用郁勃公司的配方技术进行生产并生产出产品，更没有证据证实其产品的质量与《化妆品卫生规范》的国家标准以及郁勃公司的企业标准不符。第四，即使按照两面针公司的主张，其已进行试验，并已在试验中生产出产品，根据合同的约定乙方向甲方提供的祛斑药物配方及祛斑面膜产品技术的验收标准和方式是生产出合格的产品，并通过国家质量检验机构的检测，产品在保质期内不出现任何质量问题。根据上述约定，产品是否合格，在保质期内是否存在分层、变色、气胀、变味、分水等质量问题，应通过国家质量检验机构的检测。但本案中，两面针公司并没有按约定将产品提交国家质量检验机构进行检测，就单方面认定郁勃公司提供的技术不具有合同法规定的有效性、实用性和可靠性，无法达到合同的要求，显然违反了合同的约定。

关于两面针公司是否构成违约，应否承担 200 万元违约金的问题。《合同》第 19 条规定，出现下列情形，致使本合同的履行成为不必要或不可能的，可以解除本合同：①发生不可抗力；②无法生产出合格的产品或生产经营出现严重亏损；③甲方无法进行正常的生产、销售。两面针公司没有证据证明利用郁勃公司的技术无法生产出合格的产品、无法进行正常的生产、销售或生产经营出现严重亏损等情况，因此两面针公司不具备合同约定的解除合同的条件，其通知解除合同的理由不能成立。在郁勃公司已履行合同的主要义务的情况下，两面针公司不按照合同履行并明确表示不再履行合同，致使双方签订合同的目的无法实现，两面针公司的行为已构成违约。根据《合同》第 17 条规定，任何一方违约致使合同无法履行的，违约方应向对方支付违约金 200 万元并赔偿对方因此所受到的经济损失。因此，一审判决两面针公司支付 200 万元违约金给郁勃公司符合合同的约定。

8.4 江苏天禾迪赛诺制药有限公司与云南省药物研究所、云南宝凯药业有限公司侵犯发明专利权纠纷案

【案　　号】(2010) 云高民三终字第10号。

【争议焦点】(1) 被上诉人的起诉是否已超过诉讼时效?

(2) 本案是否存在认定事实不清? 侵权是否成立?

(3) 上诉人是否享有合法的在先使用权?

(4) 关于上诉人认为，其生产和销售“痛舒片”并未侵犯被上诉人的专利权，上诉人是依据国家药监局的批准进行生产的，有合法的药品批件和证书的问题。

【法院观点】(1) 关于被上诉人的起诉是否已超过诉讼时效的问题。上诉人认为被上诉人起诉明显已经超过诉讼时效。在庭审中上诉人明确了该理由其在一审并未提出，故根据《最高人民法院关于审理民事案件适用诉讼时效制度若干问题的规定》第4条规定，“当事人在一审期间未提出诉讼时效抗辩，在二审期间提出的，人民法院不予支持”，对上诉人该上诉理由法院依法不予支持。

(2) 关于该案是否存在认定事实不清、侵权是否成立的问题。上诉人认为原审认定事实不清，即原审法院认定“痛舒胶囊”标准的权利人为被上诉人，该标准没有转正，属认定事实不清。另外，原审法院认定被上诉人在将“痛舒胶囊”标准申请专利时没有披露专利覆盖标准是因“痛舒胶囊”标准还没有转正，属认定事实不清。

(3) 关于上诉人是否享有合法的在先使用权的问题。法院认为，在先使用权人所使用的技术应当是通过在先使用权人自己独立研究的或以合法手段取得的，而不是在专利申请日前通过抄袭、剽窃或其他不正当的方式获得的。在该案中，上诉人并未提交证据证明其生产的“痛舒片”的配方系其自行研究获得。二审庭审中，上诉人已经明确其是通过向市场上花钱购买了一本国家药品监督管理局编制的《国家中成药标准汇编》，从该书本上获取了被上诉人“痛舒胶囊”的标准后开始使用了该标准。但是，经法庭一再询问，上诉

人不能提交任何证明该书是通过合法途径购买得到的证据，而且该书没有标明出版单位名称，也没有出版发行号、书号、条码、定价等国家规定的正规出版书籍所应有的特征标识，不是国家公开出版发行物，故上诉人以此不能证明其"痛舒片"处方的合法来源。上诉人认为其享有合法的在先使用权的上诉理由不能成立。

（4）关于上诉人认为，其生产和销售"痛舒片"并未侵犯被上诉人的专利权，上诉人是依据国家药监局的批准进行生产的，有合法的药品批件和证书的问题。法院认为，首先，如前所述，上诉人对所获取的"痛舒片"的配方其不能举证证明其合法来源。其次，上诉人的"痛舒片"完全采用了被上诉人"痛舒胶囊"的配方，仅仅将胶囊改变为片剂，仅只是对药品的剂型的简单转换，不具有创造性。再次，《药品注册管理办法》第 18 条明确规定："（药品注册）申请人应当对其申请注册的药物或者使用的处方、工艺、用途等，提供申请人或者他人在中国的专利及其权属状态说明；他人在中国存在专利的，申请人应当提交对他人的专利不构成侵权的声明。药品注册过程中发生专利权纠纷的，按照有关专利的法律法规解决。"因此，上诉人所取得的"痛舒片"的注册、生产等相关行政批准不能对抗被上诉人的"痛舒胶囊"专利权。

8.5　天津天士力公司与东莞万成制药有限公司、北京易安时代科技发展有限公司专利纠纷案

【案　　号】（2006）高民终字第 01221 号。

【争议焦点】万成公司主张的公知技术抗辩是否成立。

【法院观点】公知技术抗辩原则是用于保护社会公众使用自由公知技术的权利。该案中，万成公司明确表示其实施了与本专利相同的技术方案，并在被控侵权后才主张以公知技术抗辩。上述事实表明，万成公司主观上具有侵权的故意，客观上实施了侵犯他人专利权的行为，具有明显的恶意，应当承担相应的民事责任。

8.6 预警分析小结

8.6.1 提高专利权利要求书的撰写质量

发明和实用新型专利权的保护范围应当以其权利要求书内容为准，说明书及附图可以用于解释权利要求。权利要求书等有关表述有歧义，不能直接得出具体、确定、唯一解释的，应当依据所属领域的技术人员通过阅读权利要求书和说明书及附图，对实现要保护的技术方案得出具体、确定、唯一的解释。因此，专利权利要求书的撰写质量，直接决定了当事人专利权的保护范围及有效性，并在一定程度上最终决定着专利纠纷诉讼的结果。专利申请人需要重视专利申请中的权利要求书的技术特征及其范围的撰写，以提高专利保护能力。

8.6.2 重视合同风险防范

云南企业应当提高合同订立、履行、审核过程中的管理水平，有效规避和防范法律风险，尤其三七种植涉及与当地农户的密切联系，农户法律知识有限，故应当明确三七种植中的管理责任、回收及其他注意事项约定明确，以免埋下纠纷隐患。

8.6.3 加强商业秘密保护

云南省许多企业家和职工尚未真正认识到企业商业秘密的价值，缺乏保护商业秘密就是保护企业竞争优势的意识，使一些重要的非专利技术和精湛的民族传统工艺被窃，教训非常惨痛。尤其在专利申请中，需要分辨商业秘密和专利保护的途经和优势，对于难以获得专利保护和竞争对手在一定时期难以取得研究成果的技术，可以采取商业秘密保护。反之，尽快运用专利进行保护。商业秘密保护中的商业秘密需要符合法律的强制性规定，而不仅限于企业出台模板式的制度即可完成。

第9章

三七医药核心专利预警分析

专利制度是法律、技术、经济三位一体的知识产权保护方式，它以技术发明创造为基础，在法律保护下以独占市场为主要特征，以谋求获得最大经济利益为目标。随着世界经济一体化的加速，专利制度已成为国际公认的法律保护制度。《专利合作条约》（Patent Cooperation Treaty，PCT）是有关专利申请的国际条约，目前已有128个成员国。根据PCT的规定，专利申请人可以通过PCT途径递交国际申请，向多个国家申请专利。PCT国际申请在一定程度上反映了申请专利所含技术的重要性和申请人抢占国际市场的迫切愿望，是衡量自主创新能力和国际市场竞争力的重要指标。因此，发达国家和跨国公司都把PCT专利申请看做知识产权体系下全球战略的重要组成部分。行业内的PCT专利一定程度上反映了专利的重要性，多掌握在国外公司手中，国外申请人为中国企业设置核心专利障碍。

同族专利是指基于同一优先权文件，在不同国家或地区，以及地区间专利组织多次申请、多次公布或批准的内容相同或基本相同的一组专利文献。关于同族专利的特点，概括来说就是：同族专利技术方案基本相同、专利权人基本相同、授权国家不同。同族专利作为专利文献的重要组成部分，在当前的世界知识产权大氛围中，发挥着举足轻重的作用。同族专利信息的分析，在所有的专利信息分析中占有非常重要的地位。根据专利拥有的同族专利数量多少，可以确定该专利的重要性程度。

通常对于较为重要的专利，企业会尽可能多地在各个区域对其申请保护。所以同族专利数量越多，其重要性也越高。根据申请人重要专利的同族专利的分布区域，可以了解其重点关注的市场区域。企业在申请保护的时候，最直接考虑的是自己最为关注的区域，故而从其大部分同族专利的申请区域，可以看出申请人主要关注的市场有哪些。通过同族专利检索可了解其他申请人的主要技术方案在世界各国的专利布局、垄断国际市场的范围，判断其他申请人目前的市场动态并研究其未来发展趋势。同族专利还有助于了解一项发明技术从萌芽阶段到不断改进、发展，以致逐步完善的发展过程。国外申请人多通过重点专利的同族专利布局，在主要竞争市场设置专利障碍，构成严密的“专利网”。

本章的重点专利选择基于PCT专利、同族专利数量、同族专利重点市场分布等因素。通过对各技术领域的PCT专利申请情况、同族专利分布以及重点企业专利分析，以明确各技术领域具有技术重要性的专利、重要技术所有国际竞争力的体现以及重要专利在中国市场的布局，使企业能够借鉴先进技术，避免重复研究，了解主要申请人的专利保护范围并防止专利侵权行为的发生。[1]

9.1 三七医药核心专利

9.1.1 三七医药授权的核心专利

9.1.1.1 天津天士力公司

表 9-1 天津天士力公司三七医药核心专利

申请号	名 称	摘 要
CN01820875.4	一种治疗心绞痛的中药组合物及其制备方法与用途	本发明提供了由丹参、三七及冰片等组分制成的中药组合物。上述组合物包括丹参素、三七皂苷 R1 和人参皂苷 Rg1 在内的有效成分。本发明还提供了该中药组合物的制备方法以及有效成分鉴别和含量测定的方法。最后,本发明还提供了该中药组合物的不同用途
CN03144311.7	治疗心脑血管疾病的中药组合物	本发明公开一种治疗心脑血管疾病的中药组合物,它由丹参提取物 5.0%-70.0%、三七提取物 10.0%-85.0%、黄芪提取物 5.0%-70.0%、冰片或降香油 1.0%-15.0%组成,具有明显的抗脑缺血、心肌缺血作用,其疗效优于单独使用丹参总酚酸或三七总皂苷,也优于丹参总酚酸加三七总皂苷,为临床提供了一种疗效更好、更加方便的中药有效部位复方组合物及其制剂
CN03155275.7	丹参及其制剂在制备治疗阿司匹林抵抗性心血管疾病的药物中的应用	本发明提供了丹参及其提取物的药物新用途,本发明通过临床试验证明,丹参及其提取物在制备治疗阿司匹林抵抗性心血管疾病的药物中的应用,特别是复方丹参滴丸、复方丹参片等药物的抗阿司匹林抵抗作用,这些药物可以提高阿司匹林抵抗性心血管病患者的生命质量

[1] 本报告所选择的核心专利均为主要的专利,而不是全部。特此说明。

续表

申请号	名　称	摘　　要
CN200410018758.4	一种治疗心脑血管疾病的中药制剂及其制备方法	本发明公开一种治疗心脑血管疾病的中药制剂，它是将丹参、三七用碱液提取、醇沉、浓缩，加入其他药物和辅料制备而成；并用 HPLC-MS 和 HPLC 指纹图谱对其物理化学特征进行了较全面的表征。采用本发明的 HPLC-MS 和 HPLC 指纹图谱分析方法，可以得到丰富的生物活性成分的结构和相对含量信息，由此来表征本发明中药制剂中的主要代表组分丹参和三七的物理化学特征，优于现有技术的方法
CN200410018761.6	一种滴丸基质辅料及其滴丸制备方法	本发明涉及滴丸制剂的基质辅料及其滴丸的制备方法。本发明滴丸基质辅料包括低熔点基质辅料和增塑性基质辅料，它们主要来源于木糖、木糖醇、乳糖、乳糖醇和蔗糖酯等，具有安全无毒的特点。本发明可改变滴丸剂基质辅料长期主要使用聚乙二醇等化学合成辅料易造成毒副作用和动物来源辅料资源匮乏的状况，提高滴丸剂的产品质量，推动滴丸剂剂型的发展

如表 9-1 所示，天津天士力公司授权的核心专利数量较多，以上 5 件专利中，有 3 件为治疗心血管疾病专利，说明该公司在心血管疾病方面的专利有明显优势。

9.1.1.2　昆明制药有限公司

表 9-2　昆明制药公司三七医药核心专利

申请号	名　称	摘　　要
CN96101652.3	三七皂甙粉针剂	本发明涉及一种用于治疗心脑血管疾病的特殊剂型的药物。本发明所述的三七皂甙粉针剂由三七皂甙和注射用水溶性药用辅料组成，三七皂甙的含量为 50%-99.5%（重量百分比），余量为药用辅料或水分。本发明所述粉针剂运输方便，贮存期长，较水针剂产品的稳定性好，质量高，可大规模生产，加入注射用水后所得注射液经检验，各项指标均符合要求。本粉针剂以三七皂甙为活性成分，具有活血化瘀、降低心肌耗氧量、改善心绞痛、溶解脑血栓、增加脑血氧分压和改善大脑的功效

9.1.1.3 云南白药

表 9-3 云南白药三七医药核心专利

申请号	名 称	摘 要
CN02113847.8	多功能保健食品及其应用	涉及一种以藕节为主要原料的功能食品及其在制药领域中的用途。本发明的多功能保健食品，它是一种藕节提取物或者藕节组合物。所述的藕节组合物的重量组成为，藕节提取物 4-7.5，藕节粉 4-15，绿茶提取物 1-1.5，三七提取物 1；将各组分混合均匀，制成细颗粒，加入肉桂挥发油的 β-环糊精包合物，混匀，装入胶囊，即可。其功能特点在于能有效地改善 IR，因而能预防肥胖者发生 2 型糖尿病、高血压、高脂血症及心脑血管病，对已经形成的上述疾病，也能从根本上改善，同时还具有较好的减肥作用

9.1.1.4 诺唯金参

表 9-4 诺唯金参三七医药核心专利

申请号	名 称	摘 要
CN200810233470.7	人参皂苷 Compound K 在制备防治动脉粥样硬化的药物中的应用	本发明提供结构式如下所示的人参皂苷 COMPOUND K(20-O-B-D-吡喃葡萄糖基-20(S)-原人参二醇)在制备预防和治疗动脉粥样硬化的药物中的应用

9.1.1.5 LOTTE 制果株式会社、朴明焕

表 9-5 LOTTE 制果株式会社、朴明焕三七医药核心专利

申请号	名 称	摘 要
CN03800811.4	加工人参的方法和加工过的人参提取物的用途	本发明涉及加工人参的方法和加工过的人参提取物的用途。更具体地，本发明涉及加工过的人参的提取物，其提高人参糖苷(Rg3+Rg5)/(Rb1+Rb2+Rc+Rd)的比率为 10-45 是由于通过将人参与下列草药混合而起到的协同作用：诸如五味子、山楂、山茱萸、木瓜、乌梅、香橙、枳壳、苹果、石榴和柠檬，和通过在 70-120℃的温度加热含人参和前述草药成分的混合物加工人参的方法

9.1.1.6　备前化成株士会社

表 9-6　备前化成株士会社三七医药核心专利

申请号	名　称	摘　　要
CN02827744.9	糖原的物理化学生产方法及该方法获得的糖原	本发明提供一种糖原的生产方法。该方法包括在酸性条件下加热和加压处理含糖物料的步骤。含糖物料是多糖或低聚糖。或者,含糖物料是植物物料,选自田七人参、玄南文三七粉(商标)、高丽人参、小麦粉、大豆、大豆粉、香菇和咖啡萃取残余物。代表性地,糖原包括分子量为10000或更低的分子。该糖原的比旋光度为[α]_D+197°且在¹HNMR 图谱中于 5.37ppm 和 4.95-5.33ppm 下具有异头质子峰

9.1.1.7　博新药业有限公司

表 9-7　博新药业有限公司三七医药核心专利

申请号	名　称	摘　　要
CN03819192.X	用于治疗癌症之皂甙或皂甙配基组合物	本发明提供用于治疗癌症之组合物包含有两种或多种皂甙和/或皂甙配基。组合物相比较每个单个成分具有更强的抗癌活性。本发明也提供了包含用于治疗癌症之组合物的药学和非药学配方,以及包含这种组合物或配方的药学组件

9.1.1.8　宝丽化学工业有限公司、大正制药株式会社

表 9-8　宝丽化学工业有限公司、大正制药株式会社三七医药核心专利

申请号	名　称	摘　　要
CN200580043953.5	用于预防炎症的包含改性粘土的外用皮肤剂	提供预防异位性皮肤炎症发作和降低皮肤刺激性的外用皮肤剂,其特征包括:(1)被具有季氨基的化合物所改性的粘土;(2)具有侧链包括与生物学成分类似结构的聚合物或共聚物

9.1.2 三七医药实审的核心专利

9.1.2.1 蒂马基金会

表 9-9 蒂马基金会三七医药实审核心专利

申请号	名 称	摘 要
CN200780046464.4	新颖的组合物及其用途	本发明涉及组合物，其包含谷氨酸和/或谷氨酰胺、半胱氨酸、核黄素、琥珀酸、富马酸、辅酶 Q10、烟酸，任选的维生素 C 和/或这些物质的前药和/或这些物质的盐。所述组合物可用作食物补充剂和/或药物，用于对数种疾病病症特别是高血糖症和相关疾病或紊乱进行预防或治疗。因此，本发明还涉及用于人类医学和兽类医学的药物组合物，以及涉及治疗所述疾病的方法

9.1.2.2 优力竟株式会社

表 9-10 优力竟株式会社三七医药实审核心专利

申请号	名 称	摘 要
CN200980113766.8	人参属植物叶提取物、其制备方法及其应用	本发明涉及用于改善运动性能、疲劳恢复，或预防氧化反应的组合物，其包含人参属植物叶提取物、或所述叶提取物的经加工的产物、或二者的混合物作为活性成分。包含人参属植物叶提取物或所述叶提取物的经加工的产物、或二者的混合物的本发明的组合物增加运动性能、抑制血液中疲劳标志物的积聚和预防氧化反应，因此可用于改善体力和运动能力

9.1.2.3 株式会社 OSCOTEC

表 9-11 株式会社 OSCOTEC 三七医药实审核心专利

申请号	名 称	摘 要
CN200880012373.3	用于预防和治疗牙周炎的包含熟地黄、三七或其混合物提取物作为有效组分的组合物	本发明公开了用于治疗和预防牙周病的药物组合物，所述药物组合物包含来自熟地黄(Rehmanniae Radix Preparata)、三七(Panaxnotoginseng(Burk.)F.H. Chen)或其混合物的提取物作为活性成分。由于具有保护牙槽骨和促进牙周膜细胞增殖以及抑制 TNF-α 释放的活性，所述提取物可用于制备可用于治疗和预防牙周病的药物组合物或保健食品组合物

9.1.2.4　阿费克萨生命科学公司

表 9-12　阿费克萨生命科学公司三七医药实审核心专利

申请号	名　称	摘　　要
CN200980114017.7	人参提取物对固有及适应性免疫应答的激活	本发明涉及人参级分以及用于激活固有及适应性免疫应答以预防、治疗或改善受试者中病症的方法，所述方法通过向该受试者施用有效量的人参级分、含有该级分与另一药物或与一种或多种可药用载体之组合的药物组合物或含有该级分的食品来实现。所述级分可从西洋参(Panaxquinquefolius)中制备，或者可选自 CVT-E002、PQ2、PQ223 以及来自 CVT-E002、PQ2 和 PQ223 的纯化级分

9.2　公知公用专利

中国公知公用专利法律状态包括：驳回，终止，放弃、视为放弃，撤回、视为撤回、无效，且未以该专利为基础要求优先权提出在后申请的中国专利申请或中国专利（但部分专利存在续费或答复审查员意见后可能存在获授权可能性）；不会获得中国专利法保护，在中国大陆地区可以广泛使用而不会侵权的专利。

9.2.1　三七医药权利终止的专利

表 9-13　三七医药权利终止的专利

维持年限	1-3	3-4	4-5	5-6	6-7	7-8	8-9	9-10
终止	10	39	137	198	187	211	97	65
维持年限	10-11	11-12	12-13	13-14	14-16	16-20	总计	
终止	75	25	19	9	13	10	1095	

截至目前，三七医药专利权利终止的共计1095件，约占国内总数的16.0%。

9.2.2 三七医药视撤的专利

表 9-14 三七医药视撤的专利

维持年限	1-2	2-3	3-4	4-5	5-6	6-7	7-8	8-9	总计
视撤	42	387	1259	250	146	59	10	1	2154

截至目前，三七医药领域视撤专利共计2154件，占国内总数的 31.4%。

9.2.3 三七医药驳回的专利

表 9-15 三七医药驳回的专利

维持年限	1-2	2-3	3-4	4-5	5-6	6-7	7-8	8-9	总计
驳回	2	39	97	73	49	36	12	9	317

截至目前，三七医药领域驳回的专利共计 317 件，占国内总数的 4.6%。

三七医药领域专利公知技术总占比达到 52%，充分说明三七医药技术研发的难度。因此，权利被终止、视撤和驳回的专利作为公知技术是后续研发重要的参考资料。

9.3 三七医药核心专利布局预警分析

9.3.1 三七医药授权的核心专利布局预警分析

9.3.1.1 CN01820875.4

表 9-16 CN01820875.4

申请号	名 称	同族数	国 家
CN01820875.4	一种治疗心绞痛的中药组合物及其制备方法与用途	47	CN; AU; BG; BR; CA; EP; HK; HU; JP; KR; MX; MY; NO; NZ; PL; RU; SG; SK; TW; UA; US; WO; ZA

从表 9-16 分析得出，申请人天津天士力公司授权的专利“一种治疗心绞痛的中药组合物及其制备方法与用途”共有同族专利 47 件，说明此件专利已进行了专利的国际部署，部署在中国、澳大利亚、保加利亚、巴西、加拿大、

欧洲专利局、中国香港地区、匈牙利、日本、韩国、墨西哥、马来西亚、挪威、新西兰、波兰、俄罗斯联邦、新加坡、斯洛伐克、中国台湾地区、乌克兰、美国、世界知识产权组织、南非。此件专利是整个三七医药领域最重要的专利，同族专利和引证以及被引证数量较高，从同族专利申请的国家和组织数量，充分说明该公司市场战略重点将在前述国家和地区进行重点扩张。

9.3.1.2 CN03144311.7

表 9-17 CN03144311.7

申请号	名 称	同族数	同族国家和地区
CN03144311.7	治疗心脑血管疾病的中药组合物	19	CN; AP; AT; AU; BR; CA; EA; EP; JP; KR; LT; MY; NO; NZ; US; WO; ZA

从表 9-17 分析得出，申请人天津天士力公司授权的专利“治疗心脑血管疾病的中药组合物”已进行了专利国际部署，共有同族专利 19 件，部署在中国、加拿大、巴西、世界知识产权组织、丹麦、澳大利亚、美国、奥地利、新西兰、欧亚专利局、马来西亚、西班牙。说明该公司市场战略和经营战略将以“心血管疾病”抢占先机。

9.3.1.3 CN03155275.7

表 9-18 CN03155275.7

申请号	名 称	同族数	同族国家和地区
CN03155275.7	丹参及其制剂在制备治疗阿司匹林抵抗性心血管疾病的药物中的应用	15	CN; AU; CA; EA; EP; JP; MY; NO; US; WO; ZA

从表 9-18 分析得出，申请人天津天士力公司授权的专利“丹参及其制剂在制备治疗阿司匹林抵抗性心血管疾病的药物中的应用”，已进行了专利的国际部署，共有同族专利 15 件，部署在中国、美国、欧亚专利局、澳大利亚、欧洲专利局、日本、加拿大、世界知识产权组织、马来西亚、南非、挪威。从前述分析不难得出，此件专利的国际专利申请的国家和地区将持续增加，此专利核心技术为从三七中提炼的丹参成分为主。

9.3.1.4 CN200410018758.4

表 9-19 CN200410018758.4

申请号	名 称	同族数	同族国家和地区
CN200410018758.4	一种治疗心脑血管疾病的中药制剂及其制备方法	15	CN;AU;CA;EP;JP;KR;MX;NO;NZ;RU;US;WO;ZA

从表 9-19 分析得出，申请人天津天士力公司授权的专利“一种治疗心脑血管疾病的中药制剂及其制备方法”共有同族专利 15 件，分别在中国、欧洲专利局、澳大利亚、加拿大、日本、俄罗斯、世界知识产权组织、新西兰、墨西哥、美国、挪威、南非、韩国等 13 个国家和地区进行专利布局，与前两件相同均为心血管疾病方面的专利，说明该公司的国外市场战略和知识产权战略均以“心血管”为主要方向，并形成专利池。

9.3.1.5 CN200410018761.6

表 9-20 CN200410018761.6

申请号	名 称	同族数	同族国家和地区
CN200410018761.6	一种滴丸基质辅料及其滴丸制备方法	16	CN;AU;BR;CA;EP;JP;KR;RU;US;WO;ZA

从表 9-20 分析得出，申请人天津天士力公司授权的专利“一种滴丸基质辅料及其滴丸制备方法”共有同族专利 16 件，分别在中国、美国、巴西、加拿大、澳大利亚、欧洲专利局、世界知识产权组织、俄罗斯、日本、韩国、南非等 11 个国家和地区进行专利布局，此件专利涉及新的滴丸辅料和滴丸制造技术。

9.3.1.6 CN03800811.4

表 9-21 CN03800811.4

申请号	名 称	同族数	同族国家和地区
CN03800811.4	加工人参的方法和加工过的人参提取物的用途	12	CN;AU;CA;EP;HK;JP;KR;US;WO

从表 9-21 分析得出，申请人 LOTTE 制果株式会社、朴明焕授权的专利“加工人参的方法和加工过的人参提取物的用途”共有同族专利 12 件，分别在韩国、中国、加拿大、澳大利亚、欧洲专利局、世界知识产权组织、日本、

美国、中国香港地区等国家和地区进行专利布局。

9.3.1.7 CN02827744.9

表9-22 CN02827744.9

申请号	名 称	同族数	同族国家和地区
CN02827744.9	糖原的物理化学生产方法及该方法获得的糖原	10	CN; AU; CA; EP; JP; TW; US; WO

从表9-22分析得出，申请人备前化成株士会社的授权专利“糖原的物理化学生产方法及该方法获得的糖原”共有同族专利10件，分别在日本、中国、加拿大、澳大利亚、欧洲专利局、世界知识产权组织、中国台湾地区和美国等8个国家和地区进行专利布局，此专利核心技术为糖原的生产方法。

9.3.1.8 CN03819192.X

表9-23 CN03819192.X

申请号	名 称	同族数	同族国家和地区
CN03819192.X	用于治疗癌症之皂甙或皂甙配基组合物	12	CN; AU; BR; CA; EP; JP; RU; US; WO

从表9-23分析得出，申请人博新药业有限公司授权的专利“用于治疗癌症之皂甙或皂甙配基组合物”，共有同族专利12件，分别在美国、加拿大、澳大利亚、巴西、中国、世界知识产权组织、日本、欧洲专利局、俄罗斯等9个国家和地区进行专利布局，此专利核心技术系从三七中提炼治疗癌症的皂甙或皂甙配基组合物。

9.3.1.9 CN200580043953.5

表9-24 CN200580043953.5

申请号	名 称	同族数	同族国家和地区
CN200580043953.5	用于预防炎症的包含改性粘土的外用皮肤剂	14	CN; AT; AU; CA; EP; ES; JP; KR; US; WO

从表9-24分析得出，申请人宝丽化学工业有限公司、大正制药株式会社授权的专利“用于预防炎症的包含改性粘土的外用皮肤剂”，共有同族专利14件，分别在日本、西班牙、澳大利亚、美国、奥地利、欧洲专利局、加拿大、中国、世界知识产权组织、韩国等10个国家和地区进行专利布局。

9.3.1.10 CN02113847.8

表 9-25 CN02113847.8

申请号	名 称	同族数	同族国家和地区
CN02113847.8	多功能保健食品及其应用	9	CN;EP;JP;US

从表 9-25 分析得出，申请人云南白药集团天然药物研究院授权的专利“多功能保健食品及其应用”，共有同族专利 9 件，分别在中国、欧洲专利局、日本、美国等国家和地区组织布局。

9.3.1.11 CN03135782.2

表 9-26 CN03135782.2

申请号	名 称	同族数	同族国家和地区
CN03135782.2	三七总皂苷脂质体及其制剂	3	CN

从表 9-26 分析得出，申请人云南植物药业授权的专利“三七总皂苷脂质体及其制剂”，于 2003-2005 年申请同族专利 3 件，分布国家为中国。

9.3.1.12 CN02133464.1

表 9-27 CN02133464.1

申请号	名 称	同族数	同族国家和地区
CN02133464.1	三七总皂苷分散片及其制备方法和应用	3	CN

从表 9-27 分析得出，申请人云南植物药业授权的专利“三七总皂苷分散片及其制备方法和应用”，于 2002-2004 年申请同族专利 3 件，分布国家为中国。

9.3.1.13 CN200610048618.0

表 9-28 CN200610048618.0

申请号	名 称	同族数	同族国家和地区
CN200610048618.0	三七总皂苷前体脂质体及其制备方法	3	CN

从表 9-28 分析得出，申请人云南植物药业授权的专利“三七总皂苷前体脂质体及其制备方法”，于 2006-2009 年申请同族专利 3 件，分布国家为中国。

9.3.1.14　CN200810233470.7

表9-29　CN200810233470.7

申请号	名　称	同族数	同族国家和地区
CN200810233470.7	人参皂苷Compound K在制备防治动脉粥样硬化的药物中的应用	7	CN;WO;US

从表9-29分析得出，申请人诺唯金参授权的专利“人参皂苷Compound K在制备防治动脉粥样硬化的药物中的应用”，共申请同族专利7件，分布区域为中国、美国和世界知识产权组织。

9.3.2　三七医药进入实审程序的核心专利布局预警分析

9.3.2.1　CN200780046464.4

表9-30　CN200780046464.4

申请号	名　称	同族数	同族国家和地区
CN200780046464.4	新颖的组合物及其用途	10	CN;AU;CA;EA;EP;JP;KR;US;WO

从表9-30分析得出，申请人蒂马基金会进入实审程序的专利“新颖的组合物及其用途”，共有同族专利10件，分别在美国、欧洲专利局、加拿大、欧亚专利局、中国、世界知识产权组织、日本、韩国、澳大利亚等9个国家和地区进行专利布局。

9.3.2.2　CN200980113766.8

表9-31　CN200980113766.8

申请号	名　称	同族数	同族国家和地区
CN200980113766.8	人参属植物叶提取物、其制备方法及其应用	11	CN;AU;CA;JP;KR;MX;US;WO

从表9-31分析得出，申请人优力竟株式会社进入实审程序的专利“人参属植物叶提取物、其制备方法及其应用”，共有同族专利11件，分别在韩国、日本、中国、世界知识产权组织、美国、加拿大、澳大利亚、墨西哥等8个国家和地区进行专利布局。

9.3.2.3 CN200880012373.3

表 9-32 CN200880012373.3

申请号	名 称	同族数	同族国家和地区
CN200880012373.3	用于预防和治疗牙周炎的包含熟地黄、三七或其混合物提取物作为有效组分的组合物	6	CN;EP;JP;KR;US;WO

从表 9-32 分析得出，申请人株式会社 OSCOTEC 进入实审程序的专利“用于预防和治疗牙周炎的包含熟地黄、三七或其混合物提取物作为有效组分的组合物”，共申请同族专利 6 件，分别在韩国、欧洲专利局、美国、中国、日本、世界知识产权组织等 6 个国家和地区进行专利布局。

9.3.2.4 CN200980114017.7

表 9-33 CN200980114017.7

申请号	名 称	同族数	同族国家和地区
CN200980114017.7	人参提取物对固有及适应性免疫应答的激活	9	CN;AU;CA;EP;JP;KR;MX;US;WO

从表 9-33 分析得出，申请人阿费克萨生命科学公司进入实审程序的专利“人参提取物对固有及适应性免疫应答的激活”，共有同族专利 9 件，分别在美国、中国、欧洲专利局、澳大利亚、加拿大、世界知识产权组织、日本、韩国、墨西哥等 9 个国家和地区进行专利布局。

前述进入实审程序的核心专利的共同特点均系国外申请人，专利权利要求均为三七的提取物，说明国外申请人主要以三七提取物为主要研发对象。而且是近几年新申请的国际专利。

9.4 核心专利深度预警分析

9.4.1 ZL96101652.3

【专利权人】昆明制药股份有限公司

【发明名称】三七皂甙粉针剂

【技术领域】一种用于治疗心脑血管疾病的特殊剂型的药物

【技术问题】

三七皂甙为三七有效成分之一，20世纪70年代开始研究开发三七皂甙注射液（血塞通），现在血塞通注射液已受到广大患者的欢迎。但是随着产量不断扩大，质量问题也时有出现，且水针剂在北方冬天冻结起来，不便使用，肌注疼痛，病人不愿使用。这些都为扩大使用设置了障碍。

【技术效果】

本发明的目的旨在克服现有技术的不足，提供一种运输方便，贮存期长的三七皂甙粉针剂。

【技术方案】

三七皂甙粉针剂由三七皂甙和注射用水溶性药用辅料组成，三七皂甙的含量为50%-99.5%（重量百分比），余量为药用辅料或水分。

本发明所述的注射用水溶性药用辅料为：氨基酸、葡萄糖、乳糖、甘露醇、聚乙烯吡咯烷酮、低分子右旋糖酐等有机或生化辅料，亦可为氯化钠、氯化钙、葡萄酸钙、磷酸盐等无机盐类。

【摘要附图】

本发明涉及一种用于治疗心脑血管疾病的特殊剂型的药物。本发明所述的三七皂甙粉针剂由三七皂甙和注射用水溶性药用辅料组成，三七皂甙的含量为50%-99.5%（重量百分比），余量为药用辅料或水分。本发明所述粉针剂运输方便、贮存期长，较水针剂产品的稳定性好、质量高，可大规模生产，加入注射用水后所得注射液经检验，各项指标均符合要求。本粉针剂以三七皂甙为活性成分，具有活血化瘀、降低心肌耗氧量、改善心绞痛、溶解脑血栓、增加脑血氧分压和改善大脑的功效。

【独立权利要求】

①含量为（重量百分比）50%-99.5%的三七皂甙；

②注射液用水溶性药用辅料；

③前述②药用辅料由氨基酸、葡萄糖、乳糖、甘露醇、聚乙烯吡咯烷酮、低分子右旋糖酐、氯化钠、葡萄糖酸钙或磷酸钙组成；

④将前述①②③混合。

9.4.2 ZL03144311.7

【专利权人】天津天士力公司

【发明名称】治疗心脑血管疾病的中药组合物

【技术领域】一种治疗心脑血管疾病的中药组合物

【技术问题】

在目前众多治疗心脑血管疾病的中成药中，以有效部位为主要活性成分如三七总皂苷、丹参总酚酸、葛根黄酮、绞股蓝总苷等的中成药愈来愈受到人们的重视。治疗心脑血管疾病的各种中药有效部位的功效各有不同和侧重，因此，临床上存在联合用药的巨大需求。目前各单一有效部位的中药品种，特别是中药有效部位的注射剂如血塞通、血栓通等，难以满足临床联合用药的需求。另外，未经国家药品食品监督管理局的批准而将中药注射剂简单地混和使用，将冒巨大的风险，有可能引起不可预料的不良反应，如血压急剧增高、发热、过敏反应等。因此，提供更加方便有效的中药有效部位复方制剂具有重要的临床意义。

【技术效果】

克服单一中药有效部位难以满足临床上治疗心脑血管疾病联合用药的需求的不足，避免药物简单混合使用可能造成的副反应，提供一种临床上疗效更好、更加方便的中药有效部位复方组合物及其制剂。

【技术方案】

本发明的中药组合物，按重量百分比包括下列组分：

丹参提取物 5.0%-70.0%；

三七提取物 10.0%-85.0%；

黄芪提取物 5.0%-70.0%；

冰片或降香油 1.0%-15.0%。

本发明的中药组合物，优选为按重量百分比包括下列组分：

丹参提取物 15.0%-50.0%；

三七提取物 25.0%-65.0%；

黄芪提取物 15.0%-50.0%；

冰片或降香油 2.0%-12.0%。

本发明的中药组合物，更优选为按重量百分比包括下列组分：

丹参提取物 20.0%-30.0%；

三七提取物 30.0%-55.0%；

黄芪提取物 20.0%-30.0%；

冰片或降香油 4.0%~10.0%。

本发明的中药组合物，最佳为按重量百分比包括下列组分：

丹参提取物 23%；

三七提取物 45%；

黄芪提取物23%；

冰片9%。

【摘要附图】

本发明公开一种治疗心脑血管疾病的中药组合物，它由丹参提取物5.0%-70.0%、三七提取物10.0%-85.0%、黄芪提取物5.0%-70.0%、冰片或降香油1.0%-15.0%组成，具有明显的抗脑缺血、心肌缺血作用，其疗效优于单独使用丹参总酚酸或三七总皂苷，也优于丹参总酚酸加三七总皂苷，为临床提供了一种疗效更好、更加方便的中药有效部位复方组合物及其制剂。

【独立权利要求】

①丹参提取物5.0%-70.0%。丹参提取物中丹酚酸B含量在45%-70%，丹酚酸E含量在2%-10%，迷迭香酸含量在4%-20%，紫草酸含量在1%-10%，其总酚酸含量在70%以上；

②三七提取物10.0%-85.0%。三七提取物中三七皂苷R1含量为2%-10%，人参皂苷Re含量为2%-6%，人参皂苷Rg1含量为15%-40%，人参皂苷Rb1含量为15%-40%，人参皂苷Rd含量为5%-12%，其三七总皂苷的含量在70%以上；

③黄芪提取物5.0%-70.0%。黄芪提取物中黄芪甲苷含量为5%-15%，其中黄芪总皂苷的含量在70%以上；

④冰片1.0%-15.0%；

⑤将前述①②③④混合。

9.4.3　ZL01820875.4

【专利权人】天津天士力公司

【发明名称】一种治疗心绞痛的中药组合物及其制备方法与用途

【技术领域】复方丹参滴丸（又名护心丹）是治疗冠心病的新一代中药

【技术问题】

本发明公开了一种滴丸机，它可以生产复方丹参滴丸或其他小的丸剂。本发明还公开了此种药物的质量控制方法，它包括应用薄层色谱及高效液相色谱法等分析技术，对药物的有效成分进行鉴别和定量的控制。

【技术效果】

复方丹参滴丸从改善心功能，减少心肌缺血，抑制血小板聚集减少血液郁积，降低血浆胆固醇水平等方面，来缓解及预防心绞痛的发生。复方丹参滴丸的治疗作用优于其它丹参制剂，如复方丹参片。复方丹参滴丸具有和现代美国使用的药物相同的疗效。复方丹参滴丸缓解心绞痛的功能与硝酸甘油相当，预防冠心病的作用与长效二硝酸山梨醇相当，抑制血小板聚集功能与阿斯匹林相当。复方丹参滴丸无任何毒性：已经有超过500万人接受过复方丹参滴丸的治疗，绝大多数没有出现严重的副作用。

【技术方案】

药物复方丹参滴丸，组成如下：

①丹参［水溶性］提取物，三七［水溶性］提取物，冰片；

②丹参、三七、冰片和辅料剂；

③丹参、三七、冰片和药用辅料剂。

此种药物的质量控制方法，通过应用分析鉴别等技术，对有效成分进行分析，使得药物中的有效成分的组成及含量更加标准化。步骤如下：

①使用分析方法分析本药物；

②通过与相应的纯化的标准品进行比较，对治疗成分进行鉴别和含量测定。

【摘要附图】

本发明提供了由丹参、三七及冰片等组分制成的中药组合物。上述组合物包括丹参素、三七皂甙R1和人参皂甙Rg1在内的有效成分。本发明还提供了该中药组合物的制备方法以及有效成分鉴别和含量测定的方法。最后，本发明还提供了该中药组合物的不同用途。

【独立权利要求】

一种能够治疗慢性稳定性心绞痛的复方丹参滴丸的生产方法，其特征在于：

（1）三七水溶性成分的提取：

将三七放入提取罐，加入药材5-7倍量的水，保持气压在0.04-0.06mPa，煎煮2小时，提取其水溶性成分；再次提取1.5小时；提取液过100目筛；用大孔吸附树脂精制滤液，用乙醇洗脱；洗脱液减压浓缩至密度为1.33-1.35，其中输入空气压力为0.04-0.06mPa，真空度为-0.076-0.088mPa；

（2）丹参水溶性成分的提取：

将丹参放入提取罐，加入药材5-7倍量的水，保持气压在0.04-0.06mPa，煎煮2小时，提取其水溶性成分；再次提取1.5小时；提取液过100目筛；真空浓缩滤液至生药量1：1w/v；浓缩液加乙醇沉淀；醇沉液用100目筛滤过；真空浓缩滤液，进气压力为0.04-0.06mPa，真空度为0.076-

0.088mPa；使用葡聚糖凝胶色谱精制，用乙醇洗脱；洗脱液浓缩至密度为 1.33-1.35；

（3）复方丹参滴丸成品的生产：

按 4.0：20.6：1.9：79.5 称取丹参提取物、三七提取物、合成冰片和聚乙二醇 6000，混合；混合物加热熔融；用滴丸机将混合物制成滴丸，滴丸机技术参数如下：滴灌温度保持 89-93°C，冷凝液液体石蜡温度低于 8°C，滴头内径为 1.8mm，滴头外径为 2.4mm，滴头距离液体石蜡表面距离为 15cm；离心，转速 800-1100rpm，15 分钟，除去石蜡。

9.4.4 CL95109026.7

【专利权人】哈尔滨世一堂制药厂

【发明名称】一种治疗胃病的药物及其制法

【技术领域】一种治疗胃病的中药及其制备方法

【技术问题】

痞满证是临床非常多见的胃肠病，它包括现代医学所述的慢性胃炎、胃下垂、溃疡病、胃粘膜脱垂、胃切除术后消化不良及胃神经官能症等疾病，其中慢性胃炎是指慢性萎缩性胃炎、浅表性胃炎，糜烂性胃炎、返流性胃炎。现有中药中，只能对某一种胃病症有一定疗效。

【技术效果】

一种治疗胃病的药物及其制备方法，它对多类胃病均有稳定疗效，标本兼治，且无任何毒副作用。

【技术方案】

a. 根据权利要求 1[❶] 所提供的原料配方备料，酌予碎断后备用；

b. 向备料中加 10 倍的水，煎煮，时间为 2 小时，得到滤液后，再向备料中加 3 倍水，煎煮，时间为 1.5 小时；

c. 合并滤液，浓缩滤液至相对密度为 1.10-1.15 的清膏，该密度测定条件为 80°C，放冷；

d. 向清膏中缓缓加入浓度为 95%的乙醇，使含醇量达到 60%，充分搅拌，静置 24 小时；

e. 滤过，回收乙醇至无醇味，浓缩药液至相对密度 1.35-1.40 的清膏该密度测定条件为 50-60°C；

---

❶ 为简要分析，将该专利权具体的权利要求略去。

f. 取清膏 1 份、蔗糖 3 份、糊精 1 份及乙醇适量，混匀、制粒、干燥、分袋，即制成成品。

【摘要附图】

本发明涉及一种治疗胃病的药物及其制法，将黄芪、白芍等十三位中药按比例配制，酌予碎断经煎煮，浓缩后提纯，再浓缩为清膏，将清膏按比例与蔗糖、糊精混匀，经制粒、干燥分袋制为成品，所得药品总有效率达 90%，治愈率为 50%，无任何毒副作用，它能使萎缩组织恢复生机并清除变异或增生的胃粘膜组织，将其转化为有生命力的正常细胞，广泛适于萎缩性胃炎、浅表胃炎、溃疡等痞满证患者。

【独立权利要求】

一种治疗胃病的药物，其特征是：该药物采用下列用量的作为活性成分的原料制成：

黄芪 225-275g、白芍 225-275g、党参 180-220g、丹参 180-220g、延胡索 180-220g、茵陈 180-220g、厚朴 90-110g、佛手 90-110g、柴胡 90-110g、乌梅 90-110g、鸡内金 90-110g、三七 45-55g、黄连 45-50g。

9.4.5 ZL96102208.6

【专利权人】刘墨林

【发明名称】疏通化纤丸及其制作方法

【技术领域】一种治疗慢性肝病的药物及其制作方法

【技术问题】

目前，虽然有近百种治疗慢性肝病的药物，但大多属保肝类药，无明显治疗效果，尤其远期效果更差，有些甚至根本没有效果。

【技术效果】

提供一种疏通化纤丸及其制作方法，用以提供治疗慢性肝炎的有效新药，用以克服现用药物的不足。

【技术方案】

天然牛黄 100-200 克、生地黄 2000-3500 克、三七 1000-2500 克、白芍 1000-3000 克、牡丹皮 3000-6000 克、龙胆草 1000-2500 克、郁金 1000-2000 克、当归 1500-2500 克、牡蛎 500-1000 克、土大黄 2500-4500 克、木香 1500-2000 克、香附 1000-2000 克、鸡内金 1000-2000 克、谷麦芽浓缩粉 1000 克、蛇草浓缩粉 500 克，谷麦芽浓缩粉 1000 克由谷芽 4000-5000 克、麦芽 3000-4000 克、猪苓 1000-3000 克、黄芪 2000-4000 克、砂仁 2000-3000

克浓缩而成，蛇草浓缩粉 500 克由白花蛇舌草 3000-5000 克、土茯苓 1000-2000 克、板兰根 1000-2000 克浓缩而成。

【摘要附图】

一种疏通化纤丸及其制作方法，其成分有：天然牛黄、生地黄、三七、白芍、牡丹皮、龙胆草、郁金、当归、牡蛎、土大黄、木香、香附、鸡内金、谷麦芽浓缩粉、蛇草浓缩粉。其成药为圆丸粒状或片状。其制法为：上述各成分的药精选、除杂质，牛黄及二种浓缩粉另外加工，其余药洗净烘干、粉碎掺均，过 100 目筛、制丸、烘干、分袋包装即可。其优点为：配方独特、制法合理。其药物对慢性肝炎有独特的效果。

【独立权利要求】

一种治疗肝病的疏通化纤丸，其特征在于由下述原料制成，这些原料是："天然牛黄 100-200 克、生地黄 2000-3500 克、三七 1000-2500 克、白芍 1000-3000 克、牡丹皮 3000-6000 克、龙胆草 1000-2500 克，郁金 1000-2000 克、当归 1500-2500 克、牡蛎 500-1000 克、土大黄 2500-4500 克、木香 1500-2000 克、香附 1000-2000 克、鸡内金 1000-2000 克、谷麦芽浓缩粉 1000 克、蛇草浓缩粉 500 克，谷麦芽浓缩粉 1000 克由谷芽 4000-5000 克、麦芽 3000-4000 克、猪苓 1000-3000 克、黄芪 2000-4000 克、砂仁 2000-3000 克浓缩而成，蛇草浓缩粉 500 克由白花蛇舌草 3000-5000 克、土茯苓 1000-2000 克、板兰根 1000-2000 克浓缩而成。"

9.4.6　ZL96102209.4

【专利权人】刘墨林

【发明名称】安络化纤丸及其制作方法

【技术领域】一种治疗慢性肝炎或肝硬化的中成药及其制作方法

【技术问题】

目前，虽有上百种治疗慢性肝病的药物，但大多属保肝类药，无明显治疗效果。

【技术效果】有效地治疗慢性肝炎和肝硬化

【技术方案】

生地 2000-3500g、水牛角丝 1000-2000g、鸡内金 1000-2000g、枳实 1000-2000g、天然牛黄 100-200g、海金沙 1500-2000g、郁金 1000-2000g、牡丹皮 3000-6000g、白芍 1000-3000g、赤芍 500-3000g、三七 500-2000g、牡蛎 500-1000g、僵蚕 500-1000g、番泻叶 100-500g、谷麦芽浓缩粉 1000g、蛇

草浓缩粉 500g，其中谷麦芽浓缩粉 1000g，由谷芽 4000-5000g、麦芽 3000-4000g、猪苓 1000-3000g、黄芪 2000-4000g、砂仁 2000-3000g 浓缩而成，蛇草浓缩粉 500g 由白花蛇舌草 3000-5000g、土茯苓 1000-2000g、板兰根 1000-2000g 浓缩而成。

【摘要附图】

一种安络化纤丸及其制作方法，其成分有：天然牛黄、生地黄、僵蚕、三七、白芍、牡丹皮、郁金、枳实、鸡内金、赤芍、海金沙、牡蛎、水牛角丝、番泻叶、谷麦芽浓缩粉、蛇草浓缩粉，其成药形状为颗粒形圆丸或圆片。其制法为：将上述各药精选，除去杂质，牛黄及二种浓缩粉另外加工，其余药洗净烘干、粉碎掺均，过 100 目筛，加水制丸、烘干、抛光、紫外线消毒，分袋包装即可。其优点是：配方独特、制法合理，其药物对慢性肝病、肝硬化有很好的疗效。

【独立权利要求】

一种治疗慢性肝炎或肝硬化的安络化纤丸，其特征在于由下述原料制成。这些原料是："天然牛黄 100-200g、生地黄 2000-3500g、僵蚕 500-1000g、三七 500-2000g、白芍 1000-3000g、牡丹皮 3000-6000g、郁金 1000-2000g、枳实 1000-2000g、鸡内金 1000-2000g、赤芍 500-3000g、海金沙 1500-2000g、牡蛎 500-1000g、水牛角丝 1000-2000g、番泻叶 100-500g、谷麦芽浓缩粉 1000g、蛇草浓缩粉 500g，其中谷麦芽浓缩粉 1000g 由谷芽 4000-5000g、麦芽 3000-4000g、猪苓 1000-3000g、黄芪 2000-4000g、砂仁 2000-3000g 浓缩而成，蛇草浓缩粉 500g 由白花蛇舌草 3000-5000g、土茯苓 1000-2000g、板兰根 1000-2000g 浓缩而成。

9.5 预警分析小结

9.5.1 云南省核心专利数量严重不足

云南省是三七原产地，拥有优势的地理条件，但前文通过整体分析得出，云南省申请人核心专利数量明显不足，天津天士力公司一家企业申请的国外同族专利，超过云南省所有申请人的国外同族专利数量，而且，该公司在国外布局的战略以"心脑血管疾病"为主，三七的医用价值主要体现在活血，因此，该公司产品在国外的市场份额必然较高。而云南省的申请人，申请数量少，目前进入初审阶段的三七国际专利申请未发现，说明近几年新申请国际专利的积极性不高。

9.5.2 云南省核心专利国际市场部署范围有限

云南省申请人的核心专利布局范围有限，如云南白药的专利“多功能保健食品及其应用”，仅在中国、欧洲专利局、日本和美国布局，将三七从医药领域转向保健食品领域，本身给食品产业带来新的用途，但申请保护的国际市场过窄。再如申请人昆明圣火与三七医药相关的专利“一种治疗出血病的固体分散药物制备方法”、“十二味经典中药面膜贴及其制备工艺”、“一种治疗消化性溃疡的药物组合及其制备工艺和用途”、“一种用于降低全血粘度、溶栓、降脂的复方中药组合物”和“一种治疗消化性溃疡的药物组合及其制备工艺和用途”均申请国内同族专利，而没有申请国外同族专利。

如申请人云南植物药业授权的专利“三七总皂苷脂质体及其制剂”、“三七总皂苷分散片及其制备方法和应用”和“三七总皂苷前体脂质体及其制备方法”，此3件专利均涉及三七的主要成分三七总皂苷的药用发明，尽管申请了同族专利，但保护范围均在国内。尤其“三七皂甙粉针剂”发明专利，属于药用剂型的重大发明，但未发现申请国际专利。

申请人诺唯金参授权的专利“人参皂苷 Compound K 在制备防治动脉粥样硬化的药物中的应用”，是目前云南省申请人申请同族范围最广的专利，但因为申请时间短，目前仍未进入成员国。

9.5.3 云南申请人申请策略需要改进

申请国际专利一般有通过各个国家分别申请、欧洲专利局申请、欧亚专利局申请和世界知识产权组织申请等多种方式，其中通过欧洲专利局在欧洲国家获得专利权保护有以下几个特点：

（1）依照《欧洲专利公约》的规定，一项欧洲专利申请，可以指定多国获得保护。一项欧洲专利可以在任何一个或所有成员国中享有国家专利的同等效力。可以简化在多国单独提交专利申请的手续，节约开支，方便申请人。

（2）欧洲专利是按照统一的法律审查批准的。不会因为各国专利法在程序和审查要求的不同而造成不同后果，给申请人以安全感。

（3）欧洲专利审批的效率和质量有保证，要比逐个国家申请程序既快又节省开支，特别是商业上能提高发明的价值。

（4）欧洲专利局采用英、法、德三种语言，申请人有较大的选择使用语言的自由，从而也减少了逐一国家以不同语言申请的费用。

（5）欧洲专利局采用检索与审查分开进行的程序，既有利于申请人对专利申请及时处理，也有利于国际专利合作条约的协调，方便了提交国际专利申请的申请人。

申请人云南白药集团天然药物研究院授权的专利“多功能保健食品及其应用”，是通过欧洲专利局进行申请的。

除通过欧洲专利局申请以外，还可以通过世界知识产权组织申请国际专利。世界知识产权组织（WIPO）《专利合作条约》（PCT）是国际专利制度的基石，PCT申请优势在于：

（1）PCT的主要目的是简化重复的申请程序，使专利申请程序更为有效经济，也有利于各国家专利局有效地利用现有资源；

（2）申请人以一种语言在一个专利局（受理局）提出一件专利申请（国际申请），则每一个PCT成员国（除其声明排除的国家外）都承认该国际申请日有效；

（3）一个专利局（受理局）对国际申请进行形式审查，由一个国际检索单位进行国际检索并出具检索报告，由国际局进行统一的国际公布。

（4）PCT国际申请中对国家的指定可以是地区组织，也可以是国家。目前地区组织包括：非洲地区工业产权组织（AP）、欧亚专利局（EA）、欧洲专利局（EP）和非洲知识产权组织（OA）。

但PTC缺陷在于申请人特别希望尽快获得授权时采取PCT程序则很难满足要求，PCT国际阶段的费用不能取代各国家阶段费用。

申请人诺唯金参授权的专利“人参皂苷Compound K在制备防治动脉粥样硬化的药物中的应用”系通过世界知识产权组织申请，其他同族专利均系在各个国家进行申请，此种方式时间长，花费开支大，因语言问题也造成难度大。

中国人到国外申请专利主要有两条途径：PCT国际申请和巴黎公约途径，需要特别注意的是，PCT国际申请不包括外观设计专利。

因此，云南省申请人需要掌握国际专利申请的技巧和方法，一般应以速度快、时间短、效率高、费用少等原则申请专利的国际保护。

9.5.4 云南省申请人与科研院校合作较少

北京市独占三七医药领域首位的重要原因是有众多的研究机构，三七医药专利的研发需要有较强的人才团队和良好的研发策略，研究机构具备前述优势条件明显，企业因重视生产、轻视研发，人才流失严重造成研发的持续性难以保证，因此，云南省申请人应当加强与科研院校合作开发、委托研发等方式，以求最快速度解决三七医药核心技术。

9.5.5　云南省申请人国际专利申请意识低落

进入实审的核心专利中，多数为国外申请人，尤其云南省申请人较少，说明近几年云南省申请人没有申请专利或专利申请时间不长，随着全球心脑血管疾病和治疗外伤情形增加，三七医药应用领域会越来越广泛和受到人们重视，云南省申请人应加强国际专利申请布局，重点区域如美国、英国、韩国、日本、印度、加拿大、澳大利亚和东盟国家等。

9.5.6　国际专利申请需提前三年布局

国际专利申请最终均会进入指定国审查，因此时间较长，如果等待市场战略实施时部署专利为时已晚，企业应当规划三至五年战略规划，对于需要占领的国际市场，采取严格的保密措施和提前三年专利布局部署，以保证产品进入国际市场之前，有关产品专利已获授权。

第 10 章

总结及预警建议

10.1　分析总结

通过对中国及韩国、美国、日本三七医药领域的专利进行检索，共获得7012件专利，其中中国专利6864件，外国专利 168 件，以此为基础结合市场信息、产品信息、政策信息及法律信息对三七医药领域进行了发展趋势、重要生产企业、重要专利权人研发能力对比、重要省市研发能力对比、核心专利以及我国三七医药行业专利实施等方面的分析，总结如下。

10.1.1　三七医药世界发展趋势

国内对三七医药的研究较早，1985 年已有专利开始申请，1993 年后年度专利申请量大幅度增长，2009 年达到顶峰 821 件，近几年的专利申请尚未完全公开，但可以预测的是，近几年的三七医药专利申请量将会继续增长。

三七总皂苷的专利申请始于 1995 年，其申请时间比三七医药专利晚 10 年，三七总皂苷最早授权的专利是在 2004 年，其比三七医药最早授权的专利（1992 年）晚近 12 年。这充分说明对三七总皂苷的研究是在对三七研究 10 年后才开始引起重视的。

通过对韩国、日本、美国有关三七医药的专利进行分析，笔者发现国外对三七的研究并不太热，最早申请的三七专利是在 1993 年，2003 年达到顶峰 23 件，之后专利申请量有所下降，近几年专利申请比较稳定，每年的专利申请量在 12 件左右。

综上，三七医药专利申请近年来申请量不断增加，说明国内对三七医药的研发热情较高，国外对三七医药也有一定的研究，但三七医药在国外的研究没有在国内热。中国是对其进行研究及开发利用最主要的国家。

10.1.2　世界主要国家对三七医药专利申请的技术领域

三七医药的世界主要国家中，我们选择了中国、韩国、日本和美国进行分析，中国有关三七医药的专利在 A61K 有专利 6637 件，所占比例为50.62%，其次是在 A61P 专利量为 5519 件，所占比例为 42.09%，排名第三的是在 A23L 所占比例为 1.76%。中国对三七的专利申请绝大部分都在医药领域，其中只有少部分在食品或保健品领域。

韩国有关三七医药的技术主要分布在 A61K、A61P、A23L，即主要医药领域和保健食品领域。

日本有关三七医药的技术主要分布在 A61K、A61P、A23L、A61Q、A23G、A23K，即主要在医药、保健品、化妆品、饮料等领域。

美国有关三七医药的技术主要在 A61K、A61P，即主要在医药领域。

上述四个国家对三七医药的研究主要都在医药领域，但韩国和日本注重在保健食品、化妆品、饮料等新领域开发三七新的用途和新的产品。

10.1.3 三七领域主要申请人专利申请及三七产品分析

国内三七医药专利申请量排名前五的分别是：北京绿源求证公司（申请量 452 件），天津天士力公司（申请量 215 件），秦一和浦（北京）公司（申请量 55 件），杨孟君（申请量 46 件），北京奇源益德药物研究所（申请量 39 件）。

北京绿源求证公司主要研究领域之一是针对糖尿病及由糖尿病引起的并发病。其专利申请主要是各种组方中药。三七益气养血、活血化瘀的功效是其申请的系列组方中药中不可或缺的部分。公司生产、销售的产品是同龄益生颗粒（国食健字 G20060073 号），2007 年、2008 年，同龄益生颗粒被评为北京中关村科技园区石景山园自主知识产权创新产品。该产品是保健食品，功能是增强免疫力，其有电子商务平台对该产品进行销售。

天津天士力公司是一家上市公司，是当前国内最大的滴丸剂型生产企业。其与三七医药相关的产品主要有复方丹参滴丸、芪参益气滴丸、芪参茶、丹参饮片。其独家研究生产的复方丹参滴丸已成为我国心脑血管药品市场的主导产品之一，现复方丹参滴丸已完成美国 FDA II 期临床试验。天津天士力公司在开发海外市场的同时注重专利技术的海外布局，目前已在澳大利亚申请 25 件专利，在美国申请 20 件专利，在加拿大申请 15 件专利，在韩国申请 10 件专利，在南非申请 9 件专利，除此之外，还在墨西哥、挪威、新加坡、新西兰、匈牙利、巴西、马来西亚、保加利亚、阿根廷等国家申请专利。

未发现秦一和浦（北京）公司和北京奇源益德药物研究所拥有核心竞争药品，其业务可能主要来源于技术转让。

10.2　预警及建议

10.2.1　云药三七研发能力不足

表 10-1　A 股医药上市公司核心竞争力排行榜（50 强）❶

序号	股票代码	公司简称	规模指标	效益指标	成长性指标	创新力指标	核心竞争力
1	600849	上海医药	100.0	30.1	31.9	5.4	38.4
2	600196	复星医药	30.8	35.0	11.8	18.5	31.6
3	600380	健康元	23.5	14.4	67.8	0.0	30.5
4	300026	红日药业	2.5	32.6	11.5	17.4	27.8
5	002038	双鹭药业	2.4	23.9	11.0	100.0	24.6
6	600664	哈药股份	43.7	18.2	11.1	10.1	21.0
7	300016	北陆药业	1.1	23.0	11.6	34.0	20.7
8	600739	辽宁成大	19.6	21.1	10.0	40.8	20.5
9	000411	英特集团	11.4	22.4	11.8	0.0	19.7
10	600713	南京医药	35.1	17.5	11.7	19.6	19.3
11	000623	吉林敖东	16.8	20.2	11.2	30.7	18.9
12	000028	一致药业	26.2	17.5	11.8	34.3	18.6
13	600056	中国医药	15.7	19.4	13.3	3.7	17.8
14	600216	浙江医药	14.7	18.3	11.1	26.3	17.2
15	000538	云南白药	21.3	18.0	12.2	5.6	17.2
16	600276	恒瑞医药	11.7	17.1	12.0	45.1	17.0
17	600763	通策医疗	0.6	18.8	12.6	0.0	16.3
18	300006	莱美药业	1.7	9.2	11.8	87.2	16.3
19	300003	乐普医疗	4.4	18.4	12.8	10.4	16.3
20	000963	华东医药	19.1	16.8	12.3	12.6	16.3

❶ 国家食品药品监督管理局南方医药经济研究所.2009 年度中国制药工业百强榜子榜——“2009 中国医药板块上市公司排行榜” [EB/OL].http://health.sohu.com/20100722/n273688775.shtml.

续表

序号	股票代码	公司简称	规模指标	效益指标	成长性指标	创新力指标	核心竞争力
21	002007	华兰生物	5.3	15.9	20.4	10.2	15.9
22	002001	新和成	13.7	16.2	10.0	32.5	15.8
23	600421	国药科技	0.2	18.0	11.0	0.0	15.4
24	002294	信立泰	5.1	14.7	14.0	41.7	15.2
25	600277	亿利能源	28.0	9.1	20.2	0.0	15.2
26	600511	国药股份	12.7	16.1	11.4	16.8	15.0
27	600812	华北制药	32.0	9.2	9.7	33.4	14.9
28	000999	华润三九	16.0	15.8	11.2	6.3	14.9
29	000597	东北制药	26.7	12.8	11.1	13.5	14.8
30	600056	双鹤药业	25.0	12.9	10.7	15.7	14.5
31	600535	天津天士力	13.9	11.9	11.4	43.7	13.9
32	600267	海正药业	16.0	10.5	11.9	46.1	13.7
33	600129	太极集团	28.0	10.1	11.1	12.3	13.6
34	002317	众生药业	4.0	15.1	11.3	4.3	13.4
35	002252	上海莱士	2.0	14.5	11.8	1.4	12.9
36	600055	万东医疗	3.1	7.9	11.6	59.9	12.8
37	000513	丽珠集团	12.3	12.3	13.9	16.0	12.7
38	300015	爱尔眼科	5.9	13.9	12.3	0.0	12.7
39	600085	同仁堂	14.0	11.3	11.1	25.6	12.4
40	002287	奇正藏药	3.7	13.7	11.2	6.7	12.3
41	002275	桂林三金	5.3	13.0	11.2	19.5	12.3
42	002107	沃华医药	2.4	11.0	10.3	39.4	12.1
43	000423	东阿阿胶	11.4	12.3	11.8	8.4	12.0
44	600079	人福科技	10.3	9.5	12.5	36.5	11.9
45	000990	诚志股份	10.7	12.6	10.6	0.0	11.9
46	600594	益佰制药	8.1	10.3	11.2	31.5	11.8
47	000591	桐君阁	13.3	11.8	11.1	2.9	11.7

续表

序号	股票代码	公司简称	规模指标	效益指标	成长性指标	创新力指标	核心竞争力
48	000650	仁和药业	5.1	12.4	11.4	15.7	11.7
49	300009	安科生物	1.8	12.4	11.4	14.6	11.5
50	600518	康美药业	15.0	10.7	11.7	7.7	11.4

表 10-2　中成药类上市企业核心竞争力排行榜（20 强）（含民族药、中药保健品）❶

序号	股票代码	公司简称	规模指标	效益指标	成长性指标	创新力指标	核心竞争力
1	000623	吉林敖东	42.0	55.1	34.7	43.2	51.3
2	000538	云南白药	61.4	47.0	38.1	9.4	46.1
3	600129	太极集团	84.3	24.0	34.2	21.2	34.2
4	600535	天津天士力	43.9	28.4	34.9	57.7	34.1
5	002287	奇正藏药	9.7	37.4	34.4	10.7	33.6
6	002275	桂林三金	14.9	33.7	34.2	33.5	32.1
7	002317	众生药业	10.7	34.6	34.9	6.9	31.6
8	600085	同仁堂	41.4	27.3	33.9	43.2	31.3
9	000423	东阿阿胶	34.5	31.0	36.6	13.8	31.1
10	600518	康美药业	40.3	27.8	35.4	13.2	29.7
11	600594	益佰制药	24.3	24.1	34.4	52.0	28.6
12	600332	广州药业	51.3	23.5	33.8	14.7	28.2
13	600750	江中药业	25.0	28.3	37.2	11.1	28.2
14	002107	沃华医药	5.7	25.2	31.0	49.8	27.8
15	600329	中新药业	44.4	23.5	36.5	8.0	27.1
16	000919	金陵药业	28.4	25.6	36.4	13.5	26.7
17	600557	康缘药业	19.4	22.9	30.9	55.5	26.4
18	600993	马应龙	12.9	24.2	38.2	32.2	25.8

❶ 国家食品药品监督管理局南方医药经济研究所.2009 年度中国制药工业百强榜子榜——“2009 中国医药板块上市公司排行榜”[EB/OL].http://health.sohu.com/20100722/n273688775.shtml.

续表

序号	股票代码	公司简称	规模指标	效益指标	成长性指标	创新力指标	核心竞争力
19	600479	千金药业	12.6	25.9	34.2	12.3	25.0
20	600422	昆明制药	19.7	20.6	35.1	35.5	23.8

云南医药领域中，三七医药技术研发能力严重不足，影响研发创新的主要因素可能与研发资金投入、人才引进方面具有一定关联，从三七医药在云药发展中的重要地位来说，发展云药一定要发展三七医药产业，云南省可以先扶持基础条件好、创新能力足、产品具有竞争空间的企业作为三七医药示范性的龙头企业，中小型企事业单位可以在研发方向上向保健食品和化妆品领域发展，以避免与三七医药竞争。

10.2.2 云药三七研发技术分散

北京市和山东省有关三七专利的申请大部分在 A61K36，所占比例超过70%。但云南省有关三七的专利申请类别比较分散，在 A61K36 和 A61K35 上占比例较大，分别是 29.26%和 27.79%，两者所占全部的比例也才近 57%。

北京绿源求证公司的专利申请非常集中，100%在 A61K36。天津天士力公司 67.29%的申请在 A61K36。云南白药和昆明制药的专利申请类别相对比较分散，没有哪一类别的专利申请量超过 30%。云南白药的专利主要申请在 A61K36、A61K31 和 A61K35。昆明制药的专利申请主要在 A61K36、A61K31 和 A61K9。

10.2.3 云药三七产品缺少核心专利支持

云南三七产品种类多，但具有核心专利的产品较少。北京绿源求证公司的同龄益生颗粒有对应的专利技术，天津天士力公司复方丹参滴丸有对应的专利技术。

云南省研究三七技术和开发三七产品的企业非常多。但云南企业生产的三七产品大多数没有技术含量，且以生产常规产品为主。

金不换集团与三七相关的产品约有 13 个，但是其专利申请共有 5 件，其中外观设计 3 件，发明 2 件，其中一件发明专利已无效，另一件正在审查中。

维和药业与三七相关的产品约有 12 个，申请专利 11 件，其中外观设计专利 10 件，发明专利 1 件（“一种达玛烷型配糖体组合物颗粒”），目前处于审查中，况且这件发明专利跟三七没有关联。

特安呐与三七相关的产品约有11个，专利申请7件，其中3件专利已无效，处于审查中的2件，有专利权的发明专利2件，一件是“三七花真空冷冻干燥工艺”，另一件是“活性三七切片制作方法”，都是有关三七干燥工艺方法，这些专利并没有与公司的产品相关联，换句话说，公司的产品没有专利技术进行保护。

上述三家企业与三七相关的产品非常多，但这些产品都没有对应的专利，其产品技术含量低，市场竞争力不强。

云南白药与三七相关的产品约11个，其中最经典的“云南白药”，三七是其主要成分之一；该公司有专利技术对应的产品只有2个。

昆明制药公司与三七相关的产品约5个，其中4个产品都有对应的专利，说明该公司专利的转化率较高，产品也有相应的专利进行保护。

药物研究所与三七相关的产品约7个，其中4个产品有对应的专利。

具备核心自主知识产权的药品，不仅可以垄断市场，还能克制基本药物限价所带来的对药品价格的影响。

10.2.4 云药缺乏知名品牌

2009年，云药单品种销售过亿元的品种21个，较2005年的11个品种增加了10个；销售收入超过1000万元以上的品种约110个（销售收入占全省医药工业销售收入的82%），较2005年的30个品种增加了80个。云南白药系列、灯盏花系列、血塞通系列、绿A螺旋藻系列等产品在国内知名度不断提高。2009年全省共有药品生产批文4415个，药品品种1483个，其中云南自主创新的品种、独家生产的品种共约220个。但云南企业对品牌培育的意识不强，措施不力，大品牌、特别是知名品牌少，市场影响力差。

从2001年以来，滇黔两省均逐渐意识到医药产业的重要意义，但是，效果却显而易见。2008年，云南实现医药工业产值96亿元。殊不知，同期贵州医药产值超过了122亿元。工业产值相差26亿元，贵药知名品牌如“咳克胶囊”、“仙灵骨葆”、“咳速停糖浆”等，云药落后贵药。

10.2.5 云药三七企业规模较小

云南三七医药企业规模普遍较小，产业结构不合理，同质化竞争较为突出，企业自身在人才、品种、技术、管理、资本、市场等资源配置方面结构性矛盾突出，企业核心竞争力普遍不强。

10.2.6 三七原产地保护有待加强

根据《国家质量监督检验检疫总局公告（2002 年第 111 号）》，2002 年 11 月 8 日起，“对文山三七实施原产地域产品保护。文山三七原产地域范围以云南省文山壮族苗族自治州人民政府《关于请求给予文山三七原产地域保护的请示》（文政清［2000］98 号）提出的地域范围为准，为文山壮族苗族自治州现辖行政区域。”2003 年 12 月向国家商标局申请“文山三七”原产地证明商标注册，并于 2005 年 3 月 21 日正式获准注册。

但目前存在外地三七冒充云南三七，以及云南省内非文山三七冒充文山三七现象，严重侵害消费者利益和影响文山三七品牌声誉，并容易导致生产企业产品质量突发事件。

10.2.7 外地企业三七原料控制应当引起重视

三七原料与需求矛盾突出，云南企业应当具有上游原料危机意识。由于庞大的三七用量，天津天士力公司在云南文山壮族苗族自治州自建有产业基地。和记黄埔中药 2009 年三七采购量约为 800 吨，采购金额约 1.6 亿元；和记黄埔中药与云南省文山州砚山县人民政府于 2010 年 3 月 20 日草签《白云山和黄中药云南文山州万亩三七产业化示范基地合作框架协议》，双方将共同在云南文山州进行万亩三七 GAP 产业化示范基地——文山白云山和黄中药三七 GAP 产业化基地建设。和记黄埔中药负责三七产业化基地总体规划、在种植过程中对 SOP 操作规程进行修订、完善和文件系统管理，以及依据国家药典文件负责对产品质量标准的起草与制定。云南省文山州砚山县人民政府负责协调三七产业化基地规划中的种植工作，确保三七产业化基地的种植面积达到 1 万亩；以及协调州地方相关政府部门、乡镇等各方面关系保证三七产业化基地建设良好环境和正常运行，给与优惠政策和扶持资金支持；协调银行关系，解决政府贴息贷款收购三七药材，确保收购资金。

除和记黄埔中药以外，云南白药、天津天士力公司、昆明滇虹和康美药业等有实力生产企业已在文山大面积种植三七。和记黄埔中药、天津天士力公司和康美药业等外地企业对原料种植面积的控制，应当引起云南重视。

10.2.8 云药生产企业面临成本剧增

三七原料连年涨价，生产企业面临成本增加。2009 年，云南医药工业产值居全国第 23 位，仍排在西南 5 省的最后一位。以云南白药为例，其 30%的收入约 25 亿元，与其制药工业有关，由于产品线与三七密切相关，将全部受到原料价格的影响。而昆明制药旗下心血管类产品，也主要以三七作为原料，在其 14 亿元左右的年营业收入中，有十分之一来自旗下云南金泰得三七产业股份有限公司。作为国内最大的单品种药品，天津天士力公司复方丹参滴丸 2009 年销售额逾 15 亿元，其主要成分即为三七，复方丹参滴丸占到该公司工业销售的 80%以上；而该公司整个营业收入为 40 亿元，复方丹参滴丸也占有举足轻重的地位。作为心血管领域的竞争对手，白云山在国内复方丹参片领域占有主导地位，公司年产复方丹参片 80 亿片，国内市场占有率达到 60%以上，销售收入 1.35 亿元，利润率高达 66%，其三七用量占到全国五分之一强，达到 1000 吨以上。

如 2009 年三七产地云南省文山州大旱，导致当年产量仅为 3000 吨左右，康美药业囤积的三七占到市场总额 20%多，而康美药业每年利用三七制作饮片数量仅为 100 吨左右。2010 年，三七价格高涨，康美药业将囤积的三七全部抛售，从中获利 1.2 亿元。国家发改委价格监督检查司对康美药业 2009 年恶意涉嫌囤积三七的情况进行了专项调查，并对康美药业实施公开提醒告诫。

由于三七种植时间长，药农分散，品种混乱，病虫害和农药残留污染问题严重，原料上涨和原料药的安全性问题应当引起云南企业重视。

10.2.9　知识产权战略体系未能形成

云南医药企业除滇虹、云南白药等少数企业以外，多数没有健全的知识产权战略体系保障，部分企业所使用的知识产权制度形同虚设，未能起到应有作用，将知识产权上升至战略地位的医药企业更是凤毛麟角。知识产权的重要性仍不为企业管理人员所重视，企业对知识产权纠纷的态度仍然为“灭火”，而不是提前预防。

10.2.10　云药三七技术国外专利布局不足

与三七相关的专利，天津天士力公司在国外申请专利 4 件（同族专利仅算 1 件），云南白药申请国外专利 1 件，昆明制药申请国外专利 1 件。诺唯金参的“人参皂苷 Compound K 在制备防治动脉粥样硬化的药物中的应用”，在中国、美国和世界知识产权组织布局，此件专利是云南目前布局范围最广的专利。

因此，云南大部分申请人未在国外申请专利，这将严重影响云南三七产品出口和专利战略的部署。

10.3 建　议

10.3.1 重视并加强自主知识产权研发

加强自主研发能力建设，重视重大、核心发明专利的申请。自主研发能力是形成企业核心竞争力的重要途径。从企业的长久发展来看，没有核心技术，企业就如同是无源之水、无本之木，必将逐渐丧失其竞争力。要想获得企业的长久发展，必须重视自主研发或者通过引进专利技术、联合研发等途径获得自身实力的提高。

对三七医药的研究和专利申请虽然最早起步在云南，但是近几年北京市、山东省、天津市等地方的一些医药企业对三七的研究比较深入，并且他们的研究成果丰硕，其专利申请量已经远远高于云南省的专利申请量。天津天士力公司对三七的自主研发能力非常强，申请了大量与三七医药相关的发明专利，同时在海外进行专利布局，从专利的角度保护自己的产品。

加强自主研发能力，加大发明专利的申请量，一方面能有效保护自己的技术和产品，防止侵权；另一方面，产品对应的发明专利多，也可以以此为条件就药品限价进行谈判，为产品获得更宽广的市场。

10.3.2 实施云药知识产权战略

企业知识产权管理的根本目的是规范知识产权范围的工作，发挥知识产权制度的作用，将企业的科技资源、信息资源、人力资源、管理资源等知识资源与企业的资本资源、发展战略等予以有效地整合，面向市场，促进企业知识、技术、管理创新，增强企业的市场竞争力，实现最大的经济效益。

将专利工作贯穿于企业发展布局也是企业知识产权系统的一部分，该工作主要是企业在研发前期，通过科技查新、专利检索、专利风险分析，保证研发项目具有创新优势；在研发中期，加入专利工程师，与研发人员协作，每取得一项具有技术优势的创新成果都及时申请专利，提高专利申请率并设置专利网战略，做到产品未动、专利先行，同时要注意提高专利申请文件的撰写质量，积极避免侵权；在研发后期，新产品投入市场前，做好防范工作，进行目标地区的防止侵权检索，评估专利侵权风险，使企业能够及早发现问题，提前采取应对措施以规避侵权风险，最大限度地减少损失。

企业通过制定知识产权战略决策与发展规划，设置知识产权管理的组织机构，划定职权范围，制定知识产权转让（转让、许可等）及其合同管理制度，制定专利申请奖励制度，定期进行企业专利信息的采集和分析等，必将提升企业的知识产权综合管理能力和战略运用能力，进而有力地促进企业的总体发展。

10.3.3　加强对失效专利的再利用

据测算，截至 2010 年 12 月，我国专利申请量 700 多万件，其中失效专利就达 30%以上，而且每年还在以 10%的速率递增。全球5000余万件专利中，失效专利的比例高达 85%以上，可见失效专利的数量之大。因此，充分、合理利用失效专利对企业来说无疑是一条促进企业发展的捷径。失效专利有三类：一是他人现存的失效专利技术，目前国内有近 30 万件失效的专利；二是尽管已批准专利权，但运用专利法的相关条文可以被宣告无效的专利；三是没有在中国申请专利的国外专利技术。研究失效的专利可以从中得到一些启发，因为任何一个专利文献，都有一种信息的功用。

与三七相关的国内专利申请共 6864 件，但已获授权的仅有 2041 件，所占比例约为 30%。剩下的 70%为被驳回的专利申请、视为撤回的专利申请、全权无效的专利、终止的专利，从法律的角度而言，这些专利已经没有了法律的约束性，可以自由的利用。

在对化合物的提取工艺及提取工具的改进方面，药品剂型的研发上可以多参考国外的相关专利。

10.3.4　建设云药专利预警平台

了解重要申请人的专利申请情况，一方面可以得知其技术研发趋势，进而了解其核心技术，预测其产品的改进；另外一方面可以参考其技术进一步进行研发，从而达到超越重要申请人的目的；还能起到对自身产品进行专利预警的目的，及早避免侵权。了解重要申请人的专利布局情况可以预测其产品的主要销售市场。企业应该定期对重要申请人实施跟踪，自己或委托第三方知识产权服务机构制作重要申请人的分析报告关注其新申请的专利，摸清其技术发展方向，对有代表未来发展趋势的技术先下手为强，或者先进行模仿然后争取超越，以做到“知己知彼，百战百胜”。因此，云南省应当建设医药专利预警分析平台，为医药企事业单位提供预警服务。

如天津天士力公司目前已在澳大利亚申请 25 件专利，在美国申请 20 件专利，在加拿大申请15件专利，在韩国申请10件专利，在南非申请9件专利，除此之外，还在墨西哥、挪威、新加坡、新西兰、匈牙利、巴西、马来西亚、保加利亚、阿根廷等国家申请专利。由此可以看出这些国家都是天津天士力公司的目标国外市场，其中重点是澳大利亚和美国。

10.3.5 就三七主要成分研发核心自主知识产权新药

近3年来，三七总皂苷的应用越来越广泛，其所占心血管药物的市场份额连年增长。其市场用药排名从2004年的第6名上升到心血管用药的第5名。近年来随着化学药物对许多疾病表现乏力以及毒副作用较大的影响下，人们越来越对中成药及植物提取类制剂寄予了厚望，这就增加了中成药类心血管药物的市场。3年来三七总皂苷的用药数量一直处于上升趋势，三七总皂甙是2006年国内样本医院中用药增长最快的中成药制剂。三七注射剂（包括水针和冻干粉针）主要是血栓通和血塞通两大品种，临床数据表明，血栓通和血塞通注射剂治疗脑梗塞疗效显著，能抑制动脉粥样硬化后内膜斑块的形成，临床上常作为脑梗塞急性发作和脑梗塞后遗症维持治疗用药。监测数据表明，其医院用药金额呈现出直线上升态势，即使在2006年出了鱼腥草事件，中药注射剂普遍遭质疑的情况下，三七注射剂同比增长仍高达47%。由于冻干粉针剂的安全性更高，目前血栓通和血塞通的冻干粉针剂已逐渐成为三七总皂甙的主导剂型，2006年冻干粉针剂型占三七注射剂62%的市场份额。三七总皂甙的前5家生产企业分别是广西梧州制药、广东众生制药、昆明制药、黑龙江珍宝岛药业、哈尔滨圣泰药业，这5家共占据市场份额的70%，其余72厂家则瓜分余下的30%。

10.3.6 科研院校应增加医药知识产权的人才培养

云南省直接长期服务于三七产业的科研机构是文山州三七研究所，承担了三七产业主要的公益性基础研究和应用基础研究。其他服务于三七产业的科研机构有省药物所、云南农大、省农科院、云南大学、省中医学院、中科院昆明植物研究所等。但云南省三七产业科技支撑的多元化尚未建立完善，尤其还未能将医药知识产权纳入研究或教学范畴，导致专业人才知识产权基础知识缺乏。

10.3.7 加强特色（民族）药和三七保健品研发

三七药品领域的研发和应用显著，据统计，全国有 1302 个制药企业以三七为原料生产药品，含三七处方获国药准字号批文有 3207 个，药品品种 324 个，进入国家中药保护品种的有 20 余个；在龙头企业方面，专业加工三七的制药龙头企业林立，以三七为原料的药品发展空间较大。

云南申请人研发方向应以发展云南民族药和特色药为主，如在药品方面：三七的药物制剂种类很多，传统的药物制剂主要有注射液、口服胶囊剂、口服分散剂、口服丸剂等。以三七为单味药，以三七总皂苷为原料制成的药物通称"血塞通"，主要制剂有血塞通注射剂、血塞通胶囊剂和血塞通分散片等。康心滴丸就是由三七、葛根、麝鼠香 3 味中药经过提取纯化制成，是治疗冠心病心绞痛的一种有效中药复方制剂。也有用三七总皂苷和灯盏花素做成各种制剂：片剂、软胶囊、硬胶囊、颗粒、丸剂和滴丸剂。三七新制剂及新技术是以后重点发展方向：如多单元给药技术；口服掩味技术；口服速释制剂；粉雾剂；鼻腔给药混悬液；脂质体。

三七主要成分三七总皂苷，未来制剂的研发重点将集中在缓控释制剂，非胃肠道黏膜用控释制剂和经皮给药制剂也将具有广阔前景。

保健领域方面，以三七为原料的药品研究和开发远远超过人参。但三七礼品和保健品的开发则次于人参，云南中小型企业可尝试此领域，以避免与大型三七医药企业的竞争。

10.3.8 中医药标准化研究

2006 年 7 月，国家中医药管理局颁布了《中医药标准化发展规划（2006-2010）》，提出了中医药标准体系的建设目标；2007 年 4 月，《国家食品药品"十一五"规划》颁布，提出在"十一五"期间，完成中成药部颁标准 4000 个品种、1000 种中药材和 500 种中药饮片的国家标准制修订工作。国家中医药管理局还于 2004 年发布了中医药标准制定程序，就中医药标准的立项、起草、审查、批准与发布等进行了规范。《国家中长期科学和技术发展规划纲要》中明确提出了实施技术标准和知识产权战略，"得标准者得天下"，中医药标准化研究对繁荣中医药学术，规范中医药管理，促进中医药现代化，推动中医药国际化具有重大意义，全行业必须对中医药标准的重要性有一个明确的认识。云南省尽管具有三七生产国家质量标准，但在标准化和知识产权结合等方面明显不足。

10.3.9 成立三七医药产业专利战略联盟

知识产权战略联盟是由一定数量的企业、科研单位等按所在行业结合而成的从事知识产权集体保护的民间社会团体，通过在联盟内部建立起知识产权的集体保护机制，成员可依靠集体和社会的力量，提高自身的知识产权保护水平，共同创造一个有利于知识产权创新与保护的产业环境。如专利联盟可以推动专利向技术标准转化，使企业的核心技术、知识产权优势转化为核心竞争力，为企业带来巨大的商业利益。这既是倒逼机制，使没有核心知识产权的企业被市场淘汰出局；也是激励机制，使注重自主创新的企业分享更丰厚的市场回报，最终推动整个产业的转型升级。顺德电压力锅专利联盟通过建设专利和标准“双联盟”，实现联手出击、双剑合璧，成功修订电压力锅国际标准，突破了国外技术壁垒，极大地拓展了电压力锅产业在国内外市场的发展空间。佛山市清洁生产知识产权战略联盟“大规格超薄建筑陶瓷砖技术”已成功实现专利产业化；意大利举行的国际陶瓷标准大会上，联盟内蒙娜丽莎陶瓷有限公司代表中国参与世界陶瓷薄板标准的起草工作，这是中国陶瓷企业第一次在世界标准上掌握话语权。云南三七医药产业完全可借鉴前述经验。

10.3.10 医药行业协会建立专利数据库并定期进行跟踪分析

建议云南省医药行业协会根据自身需求建立专题专利数据库，专题专利数据库可以将企业所专注领域的国内外专利置于一个数据库中，从而避免在欧洲专利局、国家知识产权局等数据库内因为专利数据量比较大而难以检索的缺点，可以大大节省检索时间，提高检索效率。专题专利数据库还可以满足企业和用户的个性化需求，能大大提高企事业单位的创新效率。

企业技术人员能通过专题专利数据库有效地利用专利资源协助技术研发，对三七相关技术的专利文献信息进行分析判断，准确界定本企业所属专利、所属产品和技术方法的必要技术特征，清楚了解相关专利产品和专利方法的技术特征，通过竞争对手的专利协助自身的研发。市场人员可以通过专利专题数据库的统计分析功能，得知竞争对手的主要市场并确定自身的目标市场。企业决策人员能通过专题专利数据库了解国内外电子信息产业的专利情况，通过专利数据库进行专利技术动态、法律状态及专利权人跟踪，了解其他竞争对手的专利申请状况，通过预警研究来防范他人恶意或不恰当地利用知识产权给自己造成伤害。

10.3.11 落实优惠政策

为充分发挥知识产权制度在云药产业中技术创新和经济发展中的作用，云南省大力扶持和培育医药自主知识产权，并出台系列优惠政策，因此，第一，要保证优惠政策不走样并落到实处，给企业和发明人兑现，提高其积极性；第二，鼓励企业实施知识产权战略，对列入知识产权战略试点的企业一次性给予一定费用的资助；第三，为提高管理人员知识产权意识，应通过多种方式和多种途经，对企业管理人员进行有关知识产权创造、运用、管理和保护方面的培训，以增加其预警意识。

10.3.12 以掌握核心技术与培育市场为突破口

目前云南省的医药产业大多是通过引进技术发展起来的，研发投入不足，没有掌握核心技术，许多还是仿制药品，应从要素驱动转向创新驱动，在突破关键核心技术上下功夫；传统药品领域以扩大产能为主，国内市场开拓不够。因此，发展医药产业要两手抓，一手抓核心技术，一手抓市场开拓。涉外市场开拓方面应当以东盟、印度、日本、韩国等消费者认知度较高的区域为主。此外，可通过商业模式创新，形成新的业态。

10.3.13 加强重大决策部门的合作

发展云药战略性新兴产业是关系到区域长远发展的重大战略决策，对云南省经济结构调整和发展方式转变具有重要推动作用，应从全局入手，统筹规划，科学引导，有效监管。要加强跨部门、跨领域的统筹规划，配套发展，以保证所制定的政策具有可操作性和实施性。要持续支持三七医药关键环节和核心技术的研究开发，加强基础研究和技术储备，提高技术创新能力。加强各部门之间和各类科技计划的衔接，建立研究开发与示范、推广为一体的管理体系。

总之，云南省的三七研发技术基础好，但近几年却发展缓慢，云南每一个企业不仅要拥有自己的核心技术，同时还必须建立科学高效的知识产权管理流程和体系，时刻关注自己的竞争对手，充分利用专利等知识产权策略。只有这样，企业才能站得更稳，发展更快。

图表目录

图目录

表目录

因为有您更精彩
（代后记）

终于将此书交付出版社了（此书的完成也是战略性新兴产业企业知识产权战略实务丛书的开始），与其他几本书交稿相比，心情格外激动。激动的是，这是我们的第一本企业知识产权战略图书，也是我国第一本公开出版、并由律师事务所独自完成的专利预警分析图书。历经年余才将此书完成，尽管写得很多了，但还是有一些话想说，就算是感慨吧。

“一个民族要有一些关注天空的人，他们才有希望；一个民族只是关心脚下的事，那是没有未来的。”德国哲学家黑格尔这句经典名句对于我们从事知识产权实务的人而言，是十分有益的教悔。至少我本人受益良多。

做人，我不喜欢张扬，做事也是如此。自成为执业律师后，我的“律途”起航，“律途”的风景在梦的远方，我星夜兼程，曾几时，梦中几多欢笑，欢笑中偶尔还满含着热泪。仿佛走了好久好久，直到自己也不知道是谁，忘了来路。

知识产权实务如梦如幻。刚开始时认为自己什么都搞明白了，随着时间流逝和案件的办理，更多的时候发现自己却是什么也不懂了。因此，我就想，在将来某一天，我的QQ图像永远不再亮时，如果知识产权实务领域还有人记得我，并说谢谢，我就知足也。没有任何法律制度比死更显得公平了，但“做人应当对社会有所贡献”，[1]尤其应对法学（至少律师）行业尽些微薄之力，把我积累的工作经验奉献给从业者，让他们少走弯路或更快地达到某种高度，就如同是一种修行吧！本书的专利预警分析不一定能受到所有同行或方家们的认可，但愿是抛砖引玉罢了。

我自单位辞职专职从事知识产权律师时间不长（律师系半路出家），但立志将知识产权作为事业（事业和职业不同在于，事业是婚姻，而职业就如恋爱）。尽管曾经为生计承接了非知识产权事务，但这丝毫不影响我对知识产权的理论研究和实务学习。我们出版的《著作权诉讼证据实务操作指引》（此书荣获2009年度十大知识产权著作奖）、《不正当竞争诉讼证据实务操作指引》、

---

[1] 知名知识产权律师李德成的口头禅。

《专利诉讼证据实务操作指引》得到知识产权法官的认可，这给予我们极大的鼓舞。截至目前，我们共出版了6册知识产权图书。

从事企业知识产权战略业务近3年，刚开始时，与多数同行一样，我们不仅迷茫，而且无助。迷茫的是企业知识产权战略真能帮助企业解决实际问题吗？律师如何提供企业知识产权战略服务？无助的是，企业知识产权战略到底是什么样子，我们从未见过，实际上，截至目前，国家仍无可供参考的权威示范版本或范例。为了理解和学习专利分析（专利预警分析），我们花费了很多时间和精力与有关单位、机构联系，请他们为我们培训和讲解，向有关出版过企业知识产权战略图书或声称承揽过企业知识产权战略业务的律师、学者和专家请教。

我们决定为企业知识产权战略业务开辟一条道路，为此制作了有关业务宣传册并与有关企业接洽。由于研发前经过全面分析和征求了有关专家、学者和企业决策层的意见和建议，我们的战略业务产品屡被客户接受并经评审后给予好评，这坚定了我们的信心。

一路走来，我们并没有获得太多的经济利益，其原因有三：一是经初审后，不能满足条件的企业不承接；二是我们一直忙于总结经验，这花费了大量时间；三是我们作为先行者，社会效益大于经济利益，接待了来自全国各地的学习者。所以，不要将我们与巨大的经济利益划等号（尽管我多次在律师年会上强调，不能开奔驰、宝马不要做知识产权，其实只是想给同行们打气鼓劲，因为时下，有钱的都不开车了）。套用时下的一句话："谈钱伤感情，但不谈钱没感情"。

借此机会，与同行或方家们分享的是，即"非理工科背景不能从事知识产权"，这种观点至少影响或误导了一大批人，我们的经验，没有理工科背景会受影响，但不至于不能从事知识产权，经过努力学习完全可以胜任。

当然，如专利纠纷、商业秘密或技术合同，以及电路布图设计等均涉及技术问题，有理工科背景较非理工科背景的人有一定优势，但如果不好好学习，"优势"同样也会成为劣势。

同样，企业知识产权战略与企业知识产权战略管理不能等同，它们根本不是一回事。国家标准《企业知识产权管理规范》也不能等同于企业知识产权战略，许多同仁存在这样或那样的企业知识产权战略误区，严重影响企业、律师对企业知识产权战略的业务开展和理解，这在一定层面上形成了阻力，并造成了不良后果。企业知识产权战略不能过于神秘并强化其作用，但又不能轻视其作用，它只有与企业经营管理战略结合才能发挥作用。

此书出版之际，特别感谢同乡冯晓青教授，企业知识产权战略权威学者为此书作序，我倍感鼓舞。滇虹药业集团郭振宇董事长在认可我们成果的同时，也为我们企业知识产权战略业务的发展鼓劲和提供支持。在书稿结题和评审过程中，得到了云南省知识产权局方涛书记、云南省知识产权研究会许惠然理事长、云南省知识产权局王海涛处长、以及云南省科学技术发展研究院和昆明市律师协会领导的帮助和支持。尤其王海涛处长在书稿的选题、内容和架构等方面提供了很好的意见，让此书更加贴近企业需求和医药领域的实际。

从老家山旮旯走出来已经 12 年了，身在异乡也特别地怀念故乡“穷并快乐着的生活”，能有今天“累并快乐着”的“律途”，全得益于你们的帮助和支持，感谢金中基（湖南日报社）、金中平（溆浦县委）、金中亮、刘云峰（溆浦县委）、石修才（溆浦县公安局）、张昌平（溆浦县信访局）等老师和朋友在写作方面的指点和培养，感谢我的乡邻张健（溆浦县农机局）在我自考方面给予的帮助，特别感谢彭国浦厅长（湖南省科学技术厅党组书记、厅长）在溆浦县对我成长的帮助。

因为有了你们，我们才更精彩！

2013 年 7 月　春城